Bavispe...
400 años de historia

Mario Z. Ramírez

DEDICATORIA

A las nuevas generaciones, esperando que este libro sirva
para encontrarse con sus raíces.

ÍNDICE

AGRADECIMIENTO

A quienes me permitieron compartir sus imágenes y relatos en mis publicaciones.

A Marcela por su tolerancia.

A mi amigo Tuchi por prestarnos la foto de la portada y deleitarnos con sus excelentes tomas del pueblo.

Al Dr. Roemmer Pompa por compartirnos sus relatos de los años 70´s y que en una próxima edición, si nos lo permite publicaremos algunos de ellos.

A Doña Beatriz Montaño (EPD) y Don Victorio Ochoa quienes sin condición nos compartieron fotos y pláticas de antaño.

A Thelma Durazo por sus excelentes fotografías.

Aunque hace muchos años ya no están, agradezco a mi abuelo Ramón, a mi tía Emilita, mi tía Emigdia Samaniego, a mi tío Alonso, a Don Juanito Flores, a las hijas del General, mi tía Laurita y mi tía Carlota por haberme tenido paciencia al preguntar y preguntar y ellos de contestar y contestar.

A Don Antonio Burquez que con su memoria prodigiosa me platicó vivencias de antaño y de tiempos de la Revolución.

A Jesusa Montaño por corregirme y compartir historias.

Y especialmente a mi Padre quien siempre me contestó el teléfono para aclararme casi todas las dudas que surgían y a mi querida Madre que sin ser de Bavispe, conocía a detalle las cosas que mi padre no precisaba, corrigiéndole o ayudándole a recordar.

PRÓLOGO

Desde temprana edad me interesé en la historia de mi región, de mi pueblo y de mis raíces. La información que encontraba en bibliotecas o de boca de mis mayores era abrumadora y a la vez tan dispersa que con dificultad lograba hilvanar esos relatos.

Con el tiempo me fui haciendo a la idea de escribir un libro y poder reunir en éste todo lo relacionado con mi pueblo. El presente libro es una obra que maneja esa información en forma cronológica con la finalidad de que sea más fácil su comprensión.

Espero haber logrado el objetivo y que ustedes puedan entender estos pasajes relacionados con Bavispe Sonora y a su vez hacer eco de lo escrito aquí a las nuevas generaciones.

INTRODUCCIÓN

A lo largo de estas páginas se intentará llevar a lector a través de un recorrido histórico y cronológico de los hechos y acontecimientos sucedidos desde la llegada de los españoles a tierras sonorenses pasando por hechos que marcaron el acontecer diario de los habitantes de Bavispe y sus alrededores.

Estos hechos incluyen las labores de evangelización de los primeros Misioneros, la lucha de Los Apaches y de los primeros habitantes al ser desalojados de sus territorios así como acontecimientos geológicos como el temblor de 1887 que devastó a Bavispe y a otras poblaciones donde perdieron la vida muchas personas.

También se hablará de la llegada de los servicios básicos como agua, drenaje, electricidad, telefonía e internet entre otros de los que disfrutamos actualmente.

LA EVANGELIZACIÓN EN MÉXICO

En el enorme territorio mexicano, la misión de los frailes era bastante compleja: la conversión al cristianismo de miles de indígenas por vía de catequización, dentro de un gran programa que inicialmente permitió a las recién llegadas órdenes religiosas de cristianos repartiese en las regiones donde era más urgente efectuar la tarea de evangelización. Para los frailes el territorio era extenso, desconocido y en muchos casos agreste e inhóspito, amén de la resistencia de los grupos indígenas que se negaban a aceptarlos a ellos, a su doctrina y a los conquistadores por igual. A esto hay que agregar la enorme dificultad que tuvieron los sacerdotes para aprender la lengua de las diferentes regiones en las que debieron trabajar.

La magna obra de evangelización fue iniciada por los franciscanos, les siguieron los dominicos, agustinos y jesuitas. Los primeros llegaron a tierras mexicanos en 1524, y en pocos años lograron la fundación de templos y conventos, consecuencia lógica del establecimiento de las primeras misiones en casi toda la parte central y porciones del sureste de la República, aunque luego debieron compartir parte de su territorio con los dominicos, quienes llegaron a la Nueva España en 1526, iniciando su actividad religiosa en Oaxaca, Guerrero, Chiapas, Michoacán y Morelos.

Por su parte, los agustinos arribaron en 1533 y sus misiones abarcaron porciones de los actuales estados de México, Hidalgo, Guerrero y algunas zonas de la huasteca.

La Compañía de Jesús hizo su aparición hacia fines de 1572;

aunque desde un principio sus tareas se dedicaron a la educación, sobre todo de la niñez, no descuidaron la labor apostólica en los lugares donde apenas se iniciaba y que no habían sido cubiertos por las otras órdenes religiosas. Así llegaron con relativa rapidez a Guanajuato, San Luis Potosí y Coahuila, para después extenderse al norte llegando hasta Baja California, Sonora, Sinaloa, Chihuahua y Durango.

Hacia fines del siglo XVII los franciscanos, con autorización de la Santa Sede, fundaron los colegios apostólicos de misioneros de Propaganda de Fide (o propagación de la fe), pretendiendo con ello dar un nuevo impulso a la evangelización y preparando misioneros para redoblar esfuerzos en todo el territorio de la Nueva España. Así se abrieron los colegios de Querétaro, Zacatecas, México, Orizaba y Pachuca, junto con otros dos más tardíos en Zapopan y Cholula.

Posteriormente, a la expulsión de los jesuitas del territorio nacional en 1767, permitió que los franciscanos se hicieran cargo de sus fundaciones establecidas en el norte, y ocuparon la Alta California, además de porciones de Coahuila, Nuevo León, Tamaulipas, Texas, Nuevo México y desde luego parte de la Sierra Gorda que, junto con la Baja California, compartían con los dominicos.

En algunos lugares persistió la costumbre de seguir llamando misiones a aquellas fundaciones levantadas por los frailes en su larga y penosa labor evangelizadora. Muchas de ellas desaparecieron para dar paso a templos y conventos bien establecidos, que se usaban además como punto de partida para alcanzar nuevos lugares donde propagar la religión católica. Otras más quedaron abandonadas como mudos testimonios de sangrientas insurrecciones indígenas o como fieles recuerdos de la indómita geografía que ni la fe pudo doblegar.

(Fuente: http://www.mexicodesconocido.com.mx/los-misioneros-en-la-nueva-espana.html*)*

PRIMERAS EXPLORACIONES EN SONORA

El período de las exploraciones españolas en lo que hoy es el estado de Sonora comenzó en 1533 cuando Diego de Guzmán llegó a la parte baja de Río Yaqui desde el sur.

Para 1535 Álvaro Núñez Cabeza de Vaca, después de un viaje terrestre de la costa de Texas, llegó a un pueblo indio , al que llamó "Corazones" por haberlos alimentado durante tres días con corazones de venado, situado en la parte sudoeste de Sonora. Fue el primer europeo en ver esta parte de Sonora, así como el territorio por el que había viajado. Siguió una serie de expediciones hacia el norte, algunas de los que llegan al río Gila y, al mismo tiempo, misiones y asentamientos se estaban estableciendo. Se fundó la primera misión en Sonora entre los indios en Mayo de 1613. Los misioneros entraron en la parte superior del Territorio Yaqui en 1617, y en 1638 el Padre Bartolomé Castaño comenzó su residencia entre los indios Opata. Cerca de 1640 los frailes franciscanos llegaron a Bavispe, y tal vez a otras poblaciones del Río Bavispe.

Oposura (Moctezuma) fue fundada en 1640. La iglesia de Bacadehuachi fue construido antes de 1655.

La primera descripción en inglés de Sonora parece ser la de Hardy (16), quien viajó por gran parte de México durante los años 1825-27. Apenas se hace mención de la vegetación aunque en su "esquema general" de la provincia de Sonora, enumera los principales productos vegetales de la siguiente manera:

"El suelo produce trigo, maíz, frijoles, azúcar, algodón, cardones, pinos, aspin, siete u ocho especies de roble, chino, mesquite, sauce, álamo, ceniza, palofierro, guayacán, palobrazil, tisota, tesita, pitchtree, palo blanco, paloverde, palo axtac, palo guavavillo y lignum vitae, copal, palo samoca, que produce la gomilla, o chicle de California, castaño, nuez, cereza, melocotón, manzana, pera, naranja y uva.

De hierbas también hay una gran variedad, entre los cuales se encuentran senna y jalap. De resinas hay una buena clase obtenida de la "petaya" (una especie de cactus), que, cuando se mezcla con el sebo, hace un buen alquitrán para los barcos, goma arábiga, sangre de dragón, goma laca, caucho, que los indios disolver en el zumo de la higuerilla (el arbusto que produce el ronco petróleo). Hay varias esencias fragantes además del copal.

En su historial de viajes por el noreste de Sonora Hardy menciona la presencia de robles y hierbas en "Guepare" (probablemente el Huepari de este trabajo), y en Peñuelas, Chihuahua, a corta distancia más allá Carretas, encontró roble, nuez y cereza silvestre.

Hardy deriva el nombre Bavispe de la lengua Opata "babipa" que indica el punto en el que el río toma un nuevo rumbo, la interpretación se basa en una noción equivocada en cuanto a la ubicación de Bavispe, por su mapa, así como algunos ancestros, muestra Bavispe en la posición que ahora ocupa Colonia Oaxaca. Aquí el río toma una nueva ruta por supuesto, hacia el oeste, pero en Bavispe no hay cambio de rumbo.

Aunque no nos da ninguna pista del significado de la palabra, Bandelier (3) deja claro que el nombre proviene de un grupo de indios Opata conocido como "Bapispes". Del mismo modo, otras ciudades de esta región llevan el nombre de varios grupos de las Opatas, por ejemplo, Guasabas o Huasabas (Buasdabas), Cumpas (Cumupas), Nacozari (Nacosuras) y Ures (Hures).

(1)Data for this sketch of the early Spanish explorations are largely taken from Bancroft (2) and Adolph Bandelier (3).

(Fuente: Tomado del libro The vegetation and flora of the region of the Río de Bavispe By Stephen White 1948 Pp 231-232

http://wildsonora.com/sites/default/files/reports/the-vegetation-and-flora-of-the-region-of-the-rio-de-Bavispe-stephen-white-1948.pdf)

BAVISPE CATEQUIZADO EN 1610

En 1610, un franciscano llamado Mancos o Marcos estuvo en Bavispe y bautizó a 34 indígenas Ópatas en Bavispe. Lo mismo haría en Bacerac y Tamichopa con 45 indígenas más, las cuales eran rancherías pobladas por ópatas Cohuinanchis.

Lo anterior podría ser histórico ya que de ser cierto esto tendríamos aquí al primer misionero de Sonora, anterior al padre Pedro Méndez, que llegó a Sonora por el sur en 1614. Pero cómo pudo ser posible esto? Según testimonios de la época, Fray Marcos, era uno de esos frailes andariegos que en ese tiempo pasaban por Casas Grandes con rumbo a Nuevo México; éste misionero se perdió en la sierra yendo a dar a lo que hoy es Bacerac, de allí lo condujeron los mismos ópatas al Paso del Norte,(hoy El Paso, Texas). Este típico vagabundo del Reino de Dios estuvo poco en esa región. En ese mismo año de 1610, se fué.

(Fuente: http://www.ssh.org.mx/boletines/31.htm escrito por el historiador Nestor Fierros Moreno)

1642. Primera misión en Bavispe. El misionero Franciscano fray Silvestre Cárdenas estableció la primera misión en Bavispe y Bacerac de los que trajo Perea en 1642.

(Fuente: http://www.ssh.org.mx/boletines/31.htm escrito por el historiador Nestor Fierros Moreno)

1645. Visita del misionero jesuita Cristóbal García visita Bavispe. El misionero Jesuita Cristóbal García nacido en

Valencia, España, en 1596. Entró a la Compañía de Jesús en 1610. Pasó a la Nueva España en 1637. En 1644 asistía en Sahuaripa. En 1645 entró a la tierra de Guazaves. Visitó Bacerac y Bavispe y fundó Santa María de Nácori.

1646. Llega el misionero franciscano Juan Suárez a Bavispe en el mismo año el misionero jesuita Cristóbal García comienza a adoctrinar a los indios de la región.

(Fuente: Paul Roca; Panths of the Padres Trougth Sonora)

1649. El misionero franciscano Juan Suárez se retira de Bavispe y deja a los jesuitas solos en la labor de evangelización de la región, terminando así un conflicto entre Franciscanos y Jesuitas e iniciando éstos últimos una era de Evangelización a su cargo, la cual terminaría con su expulsión 118 años después por orden del Rey de España.

1653. El misionero jesuita Cristóbal García administró Bavispe bajo la advocación de San Miguel de Bavispe. Muere en la Ciudad de México el 12 de abril de 1668.

1687. Asistía en Bavispe el misionero jesuita Horacio Pólice nacido en Nápoles, Italia, en 1654. Ingresó a la Compañía de Jesús. Pasó a la Nueva España en 1684. En 1690 es visitador de las Misiones de los Varohios. En Santa María de Bacerac en 1697. En 1699 Rector del Colegio de Zacatecas. En 1702 Visitador de las Misiones en Sonora. En 1708 Rector de la Misión de los Santos Mártires del Japón, con residencia en Bacerac. Muere en Bacerac el 1 de octubre de 1714.

1688. El misionero Felipe Esgrecho Nacido en Orani, Cerdeña, en 1618 cuyo nombre real era Felipe Greccio hacía su labor misionera en Bavispe. Ingresó a la Compañía de Jesús en 1639. Pasó a la Nueva España en 1647. En 1651 asistía en Arizpe. En 1652-53 en Movas y Nuri. Vuelve a Arizpe en 1653. En 1675 en Bacoachi. En 1678 en Teuricachi. De 1679 a 1684 en Cuquiárachi y Teuricachi, Desde 1688 en

Arizpe, Bavispe, Bacerac y Guachinera. Muere el 25 de marzo de 1692 en Arizpe.

Arizpe, Bavispe, Bacerac y Guachinera. Muere el 25 de marzo de 1692 en Arizpe.

CONFLICTO ENTRE HECHICEROS

El 10 de diciembre de 1704, los indios ópatas de los pueblos de Bacerac, Huachinera y Bavispe, pertenecientes a la misión de Bacerac, en el extremo noreste de Sonora, hicieron llegar al alcalde mayor de esta provincia, Miguel de Abajo, una querella criminal contra Don Marcos Humuta originario de Bacerac y gobernador del mismo pueblo y capitán general del valle del mismo nombre. Le achacaban haberlos denunciado falsamente de querer levantarse en armas. También lo acusaban de ser hechicero. A este respecto, afirmaban que había dado muerte a mucha gente, valiéndose, para ello, de unos palos con hechizos que tenía enterrados en los tres pueblos de la misión. Dicha querella no tomó desprevenido a Miguel de Abajo, que unos días antes había recibido dos cartas del propio Marcos Humuta y una del misionero jesuita Horacio Pólice, encargado de la administración de Bacerac. En sus misivas, Marcos le informaba de un grave conflicto ocurrido en esa misión, que lo obligaba a separarse temporalmente de sus funciones de gobierno. Decía que los indios de los tres pueblos, encabezados por dos curanderos de nombre María Seguida y Miguel Baduque, lo habían acusado en falso de ser hechicero, y que avergonzado de esa imputación, había decidido abandonar su pueblo y dejar el bastón de mando en manos del alcalde. El misionero, por su parte, manifestaba a Miguel de Abajo su preocupación por dichos acontecimientos. Decía que los indios se hallaban temerosos de una venganza de Marcos, y estimaba que sólo la destitución definitiva de éste y la elección de un nuevo gobernador podrían sosegarlos y evitar que terminaran abandonando los pueblos. El 16 de diciembre, el alcalde mayor de Sonora, luego de unas pesquisas efectuadas en Bacerac por su teniente, resolvió procesar a Marcos por el delito de hechicería. Ordenó que se tomara testimonio a los indios mejor enterados de sus actividades, y que, sobre todo, se llamara a declarar a una india del pueblo de Huachinera, que los naturales de los tres pueblos identificaban como curandera. Se trataba de María Seguida, mencionada por Marcos en sus cartas. Asimismo, el alcalde precisó las preguntas que debían hacerse a los testigos, preguntas que, en resumen, eran las siguientes: ¿Cómo habían sabido que Marcos era hechicero? ¿Qué hechizos y daños le atribuían a éste? ¿De qué manera procedía Marcos para obrar sus maleficios?

Así, el 28 de mayo de 1706, el gobernador de Nueva Vizcaya, Juan Fernández de Córdoba, resolvió absolver a Marcos de la culpa que le atribuían los indios de Bacerac. Declaró que éstos no habían probado cosa alguna en contra de su buena opinión y fama. No obstante, atendiendo a una observación del padre Pólice en el sentido de que la restitución de aquél al cargo de gobernador causaría mayor ruina y otros mayores inconvenientes, dispuso que Marcos se estableciera a una distancia de treinta leguas de Bacerac y que en ningún tiempo volviera a entrar en este pueblo, bajo la pena de severos castigos. En cuanto a Miguel Baduque y María Seguida, ordenó que al primero le dieran cien azotes al tiempo que lo paseaban alrededor del pueblo en bestia de albarda y al son de trompeta y pregón que manifieste su delito. Además, lo sentenció a ser vendido por cuatro años en un obraje. A María Seguida, por su parte, la condenó a recibir cincuenta azotes de la misma manera que Miguel, y a que fuera depositada en una casa en el real de San Juan

Bautista, donde recibiría instrucción en los misterios de la fe católica. No precisó el tiempo que duraría esa reclusión.

(Fuente: LOS MALEFICIOS DE DON MARCOS HUMUTA. ORDEN Y CONFLICTO EN UNA COMUNIDAD ÓPATA DE SONORA BACERAC, 1704. por: José Luis MIRAFUENTES GALVÁN Instituto de Investigaciones Históricas UNAM mir@servidor.unam.mx)

CENSO ÓPATA EN 1765

De 1765 a 1766 se elabora un censo de la población Ópata en la Región donde se contaron en total 1964 Ópatas distribuidos de la siguiente forma: en Bavispe 214, Tamichopa 70, Bacerac 478 y Guatzinera (hoy Huachinera) 182. Este censo elaborado por los Jesuitas abarcó las poblaciones de Guásabas (hoy Huásabas) con 284, Oputo (hoy Villa Hidalgo) con 193, Bacadeguatzi (hoy Bacadehuachi) con 208, Nacori Chico con 198, Mochopa con 92 y Satechi con 45. Las diez poblaciones anteriores formaban parte de las veinte que conformaban las Misiones de San Miguel de Bavispe, Santa María de Bacerac y San Francisco Javier de Guásabas.

(Fuente: POBLACION, TIERRA Y LA PERSISTENCIA DE COMUNIDAD EN LA PROVINCIA DE SONORA, 1750-1800 de Cynthia Radding. Universidad de Missouri)

LA EXPULSIÓN DE LOS JESUITAS

Para Mayo de 1767 el misionero jesuita Francisco Javier Pascua quien estaba comisionado en Bavispe es desterrado por orden real.

Siendo Rey de España y de las Indias Carlos III, cuarto de la rama de los Borbones, expidió un decreto el 27 de Febrero de 1767, disponiendo que fueran extrañados de sus dominios, expulsados pues, todos los individuos pertenecientes a la Compañía de Jesús. Hecho que afectaría al Rectorado de los Santos Mártires de Japón. Este rectorado de los jesuitas comprendía las misiones de Guásavas, con su visita de Óputo. Bacadéguachi con las visitas de Nácori Chico, Mochopa y Sátachi. Batuco con la visita de Tepupe y cuatro pueblos españoles: Realito, La Mesa, Chihuahua y Todos Santos. Oposura con las visitas de: Cumpas y Térape, Tepache. Y los pueblos de españoles de Teonadepa, San José, San Ildefonso de Tócora, Serobabi, Tonibabi y San Pedro. Bavispe con los pueblos de visita de San Miguelito , Guachinera y Bacerac. Las órdenes para la ejecución del decreto antecedente fueron comunicadas el 3 de junio por el Virrey Marqués de Croix al Gobernador de las Provincias de Sonora y Sinaloa, Coronel Juan Claudio de Pineda. Por las grandes distancias y las deficiencias del servicio de Correos, no fue posible hasta julio de ese año que fuera ejecutada la

Orden Real por el Capitán José Antonio Vildósola para los rectorados de San Francisco de Borja (Río Sonora) y los Santos Mártires de Japón (Región de Bacerac y Bavispe). Al mismo tiempo dispuso el Gobernador que el decreto de expulsión de los Jesuitas se publicara en todos los pueblos de su jurisdicción.

Eran en total 51 jesuitas los que fueron desterrados de los rectorados de Sonora de los cuales fallecieron dos durante el tiempo de espera: los Padres: José Palomino (Misionero de Guasave) e Ignacio González (Pueblo de Río Sinaloa). Los 49 restantes fueron embarcados en el paquebote "Rey" el día 20 de mayo de 1768 con destino al Puerto de San Blas, escoltados por el Teniente Baltasar Aguirre y cuatro soldados nombrados por el Coronel Domingo Elizondo por vía de cumplimiento a las órdenes superiores, pues el Capitán del buque y el segundo oficial manifestaron que no necesitaban escolta de ninguna clase para conducir a los Jesuitas a su destino. Los Misioneros expulsados de las Misiones de Sinaloa fueron 19 y 30 los que corresponden a los de la Provincia de Sonora, siendo los que a continuación se expresan: Sebastián Cava (Pueblo de Baca), Francisco Javier Anaya (Tehueco), Miguel Fernández Somera (Ocoroni), José Antonio Sedano (Chicorato), Fernando Berra (Bacubirito), Francisco Halaya (Mocorito), Antonio Ventura (Mochicahui), José Garfias (Villa de Sinaloa), Francisco Acuña (Pueblo de Toro), Vicente Rubio (Conicarit), José Rondero (Camoa), Lucas Atanasio Merino (Navojoa), Jorge Fraiding (Santa Cruz del Río Mayo), Francisco Ita (Batacosa), Ignacio Javier González (Tecoripa), Manuel Aguirre y José Liévana (Bacadéhuachi), Jacobo Seldelmayer (Mátape), Alonso Espinosa (San Javier del Bac), Bartolomé Sáenz (Sahuaripa), José Wazet (Yécora), Ignacio Pfferercoa (Cucurpe), Felipe Getzner (Sáric), Luis Vicas (Tubutama), Diego Barrera (Santa María de Sounca), Miguel Almeda

(Opodepe), Francisco Javier Villarroya (Banámichi), Juan Neuting y Ramón Sánchez (Huásabas), Bernardo Midenford (Movas), Andrés Michel (Ures), Antonio Castro (Onapa), Benito Romero (Cumuripa), Francisco Javier Pascua (Bavispe), José Pío Laguna (Bacerac), Pedro Díaz (Guévavi), Custodio Ximeno (Caborca), Maximiliano Leroi (Belem), Carlos Rojas (Arizpe), José Roldán (Arivechi), José Garrucho (Oposura), Nicolás Perera (Aconchi), Enrique Kirztell (Onavas), Alejandro Rapicani (Batuc), Juan Lorenzo Salgado (Huirivis), Julián Salazar (Bacum), Juan Mariano Blanco (Rahum), Francisco Paver (San Ignacio) y Lorenzo García (Torin).

El motivo de la expulsión. Entre las causas que originaron la expulsión de los Jesuitas se decía que estos se habían enriquecido enormemente en las misiones, que habían intervenido en política obstaculizando a los reyes de España y hasta haber planeado el asesinato de los reyes José de Portugal y Luis XV de Francia. Sin embargo la razón fue más profunda: los jesuitas, a diferencia de otras órdenes religiosas se negaban a negociar las riquezas obtenidas en sus misiones con los estados no católicos. La actitud, entonces sin excepciones, de los defensores de los derechos de la Santa Sede contra los regalistas (los defensores de las regalías o derechos privilegiados de la corona en las relaciones de ésta con la iglesia) fue la verdadera causa para la extirpación de los jesuitas en los países católicos..

(Fuente: Francisco R. Almada
http://www.historiadehermosillo.com/htdocs/HHILLO/EXPULJESUITAS.htm)

CAMPAÑAS CONTRA LOS APACHES

En abril de 1783, Domingo Vergara (inmigrante vasco, nacido en Eibar y que en 1779 trabajaba como armero en el presidio de Tucson [Pima County, Arizona]) organiza por su cuenta una campaña contra los apaches para intentar el rescate de unas cautivas que habían capturado recientemente.

(La expedición de Vergara reunió, según su versión de los hechos, una fuerza de 140 vecinos e indios que el día 24 de ese mes atacó una ranchería apache en el Peñón de los Janeros [?] matando a una mujer, apresando otras seis junto con dos niños y logrando el rescate de dos mujeres. En la empresa habría invertido más de 2,000 pesos según el informe dirigido al comandante general de las Provincias Internas, Teodoro de Croix. Al parecer, este hecho y el agradecimiento del comandante general allanaron el camino para que hacia 1785 Vergara fuera nombrado alférez en la compañía de Bacoachi Sonora; a partir de entonces, las narraciones de sus andanzas por las sierras persiguiendo apaches comenzaron a llegar con más regularidad hacia el despacho del comandante general. En abril de ese mismo año, decía haber encabezado una partida de 80 hombres de las compañías de Bacoachi, Bavispe y Fronteras, las tres en Sonora con quienes habría recorrido siete diferentes sierras, destacando un enfrentamiento con más de 100 apaches, en el cual había matado a cinco y destruido su ranchería. El 5 de octubre de 1785, Vergara había recibido en el presidio de Fronteras a un grupo de 24 apaches encabezado por un hermano del jefe Chiquito, quienes solicitaban ser aceptados en Bacoachi, entregando "algunos cautivos" como muestra de buena voluntad, prometiendo que toda su ranchería se establecería en paz en el pueblo si se les daban alimentos y se les repartían tierras para trabajar.

El 11 de octubre de 1785, una banda apache ataca Bavispe (Sonora), matando a varias personas (junto al ataque que realizarán el 11 de enero de 1786 a San Ignacio, sumarán 23 personas muertas).

Fuente: https://apacheria.es/la-apacheria-siglo-xviii-2/

SE FUNDA EL PRESIDIO DE BAVISPE

Para 1786 se forma el Presidio de Bavispe compuesto por 86 soldados "peones", dos sargentos, un alférez y un teniente español de nombre Lorenzo Peralta.

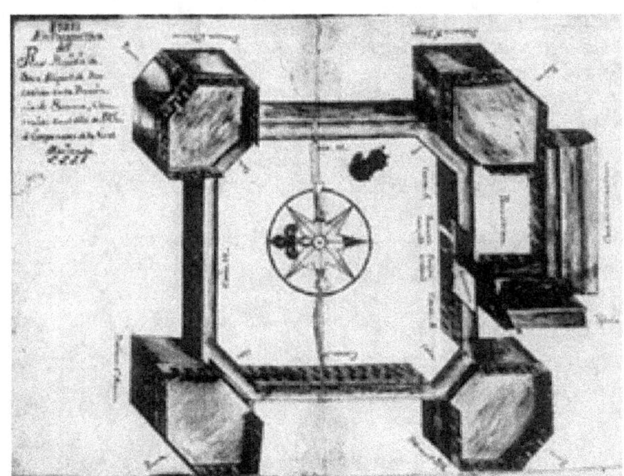

La ilustración obedece a un presidio con diseño típico de la colonia española y no es el que originalmente se construyó en Bavispe.

El 11 de octubre, una banda apache ataca Bavispe (Sonora), matando a varias personas (junto al ataque que realizarán el 11 de enero siguiente a San Ignacio, sumarán 23 personas muertas).

El 21 de noviembre, Antonio Cordero, comandante del presidio de Janos (Chihuahua) descubre el rastro de los apaches que anteriormente atacaron Bavispe (Sonora. Las huellas cruzan la Sierra de Agua de En medio [municipio de Cajeme, Sonora] llegando hasta la Sierra de las Ánimas [Animas Mountains, Hidalgo County, New Mexico]. Los soldados españoles llegan a las montañas y descubren rancherías de más de 300 familias. Los apaches las abandonan huyendo por varias rutas, unos hacia las montañas de San Luis [San Luis Mountains, Socorro County, New Mexico]; otros hacia las montañas Mimbres (Mimbres Mountains, Sierra y Grant Counties, New Mexico) por la ruta de El Alamillo [Alamillo, Socorro County, New Mexico] y otros hacia la Sierra de Las Burras [municipio de Chihuahua, Chihuahua]).

Fuente: https://apacheria.es/la-apacheria-siglo-xviii-2/

1787

En abril, los soldados indios ópatas del presidio de Bavispe Sonora asaltaron una ranchería de apaches chihennes pacíficos cuando iban de camino para firmar el acuerdo como habían hecho sus parientes en San Buenaventura. Sólo unos días después, el alférez Vergara había atacado una ranchería apache, matando a unos pocos chihennes familiares cercanos de El Chiquito que estaban de visita. Éste indignado, envió emisarios para incitar a los chihennes en San Buenaventura para vengarse. Aunque El Zurdo y Natanijú trataron de sofocar el problema, sólo pudieron posponer la rebelión. Las esperanzas españolas de una paz duradera desaparecieron, extendiéndose el desorden rápidamente por el oeste de Sonora).

La falta de comunicación entre los apaches y los españoles era la causa de muchos problemas. A finales de Mayo en Ojitos [al oeste del presidio de Janos, Chihuahua] los soldados españoles devastaron parte de una ranchería apache en medio de las negociaciones de paz con las autoridades de ese presidio; una acción considerada accidental por los españoles debido a que los guerreros apaches no habían hecho ninguna señal de paz. Los apaches informaron en Janos que muchas rancherías del interior no eran conscientes de que otras rancherías habían pactado treguas. Los españoles enviaron rápidamente emisarios a los apaches recientemente pacificados con noticias del nuevo estado de las cosas.

Pronto llega a Janos, el jefe apache Tetsegoslán [más tarde tendría cierta importancia como líder apache en el presidio], pidiendo ubicarse en Bavispe Sonora.

Fuente: https://apacheria.es/la-apacheria-siglo-xviii-2/

SE INICIA EL SISTEMA EJIDAL

Para finales del siglo XVIII, específicamente en 1790; Bavispe ya contaba con un sistema comunal de tierras. Este sistema compuesto de nueve labores de entre diez y veinte hectáreas, las cuales se ubicaban al noroeste del pueblo siguiendo el camino real al presidio de Fronteras. Estas labores estaban rodeadas de milpas familiares y las mejores tierras, las que contaban con ojos de agua estaban destinadas a la compañía presidial de ópatas residente de Bavispe.

A continuación un relato de los conflictos que se vivieron en Aquellos tiempos y las dificultades existentes entre autoridades españolas y autoridades ópatas:

"...El sentido de integridad territorial de los opatas dio lugar a un reclamo colectivo de tierra cultivable y a la defensa del gobierno interno dentro de sus comunidades. Su insistencia en el vínculo indisoluble entre las dimensiones materiales y políticas de su espacio étnico llevó a una escalada de confrontaciones entre los Ópatas y las autoridades españolas, así como a conflictos divisivos dentro de sus pueblos. La confrontación en Bacerac, aunque rápidamente disuelta, sacó a relucir las tensiones que hervían bajo la persistencia de los Ópatas como entidad étnica.

El 9 de julio de 1790, una multitud de Ópatas se reunió en Tetahueca, un campo misionero donde la cosecha de trigo estaba en progreso. Juan Ignacio Gil Samaniego, juez comisario, avanzó hacia los indios en su carácter de magistrado civil interino de las tres aldeas de Bacerac, Bavispe y Guachinera.

Anticipándose a los problemas, trajo una escolta de dos oficiales indios de Bavispe, el comandante de la tropa Opata, Josef de Tona, y dos soldados presidiales, Manuel Pacheco y Juan Mazón y el teniente español del Presidio de Bavispe, Lorenzo Peralta. En la aldea, Gil estuvo acompañado por dos vecinos que se habían establecido en el valle y por Ygnacio Noperi, capitán general de la nación Opata.

Ellos se dirigieron a Tetahueca, donde los esperaba el gobernador de Bacerac, Josef Antonio Mascorta. En "una reunión completa de casi toda la comunidad", Gil cuestionó a uno de sus miembros, Atanasio Zorrilla. Exigió saber si, el día anterior, Zorrilla de hecho había reprendido y amenazado al gobernador Mascorta y su alguacil, Nicolás Sánchez, mientras trabajaban en el campo. Cuando Zorrilla admitió que era cierto, Gil ordenó que lo ataran y azotaran. Mientras se administraba el castigo, el Capitán Noperi preguntó: "¿Qué crimen ha cometido este hombre para que lo castiguen?" El magistrado se volvió a unir: "¿No es suficiente para él haber ofendido a su gobernador?" Ante eso, Noperi se volvió hacia la multitud, levantó el bastón de su oficina y gritó: "Mi gente, ¿qué están esperando? ¿Por qué no liberan a este hombre? ¡En nombre del rey, déjenlo ir!"

Las palabras del Capitán Noperi impactaron a la multitud. Manuel Pacheco se adelantó para cortar las cuerdas que ataban a Zorrilla. Cuando Gil intentó detenerlo, Pacheco lo apartó y declaró: "Donde se escucha el nombre del rey, nadie más manda". Gil llamó a Lorenzo Peralta para pedir ayuda, pero el teniente no estaba en ninguna parte. A medida que la gente se enojaba más, el gobernador Mascorta le ofreció su bastón al magistrado, pero Gil se negó a aceptarlo. Más bien, hizo una retirada juiciosa, pero no sin decirle a Noperi: "Has cumplido tu obligación". El Juez Comisario Gil Samaniego y su grupo regresaron a Bacerac y desde allí se dirigieron a Bavispe, donde apeló a su superior, el alcalde Gregorio Ortiz Cortés. El Capitán Noperi y sus seguidores cabalgaron hacia Arizpe para presentar su queja ante el intendente-gobernador, Enrique de Grimarest, quien reprendió las acciones de Gil Samaniego y confirmó los privilegios y la autoridad de Noperi.

La investigación en el lugar del Teniente Ortiz un mes después aclaró las acusaciones hechas por cada uno de los contendientes. El Capitán Noperi había emulado su petición al gobernador intendente al acusar a Gil Samaniego de abusar de los términos de empleo para los trabajadores indios provenientes de los pueblos. Los residentes de Bacerac, incluido el gobernador Mascorta, sin embargo, exoneró a Gil de cualquier fechoría.

En el transcurso de las audiencias, cargos de naturaleza diferente se acumularon contra el Capitán Noperi. Solo un año antes, el ex gobernador intendente Pedro Garrido y Durán le había recordado severamente a Noperi que su autoridad se extendía solo al comando militar de las milicias de Opata reclutadas en los pueblos para patrullar el área y prevenir la amenaza de ataques apaches. Él no debía interferir en el gobierno interno de los pueblos. Esta reprimenda se produjo a raíz de varios actos arbitrarios cometidos por Noperi. Había humillado a un ex gobernador de Bacerac e intentó quitarle el bastón de su cargo. Más recientemente, se había querido arrestar a un Juez de Agua y había amenazado físicamente al gobernador Mascorta en una reunión pública de comuneros en Bacerac.

El intento de flagelación de Atanasio Zorrilla ocurrió porque el Gobernador Mascorta había convencido al misionero Fray George Loreto, de solicitar la intervención de Gil Samaniego para disciplinar la insolencia de Zorrilla. Zorrilla parecía desafiar toda autoridad, ya sea nativa o española.

Un año antes, Gil Samaniego informó que, cuando el Capitán Noperi tenía autoridad política en Bacerac, Zorrilla lo había desafiado públicamente. En ese momento, el propio Noperi había recurrido a Gregorio Ortiz quien, a su vez, había ordenado que Zorrilla fuera castigado. Si bien el comportamiento de Zorrilla no tipificó las actitudes de las aldeas, estos eventos sugieren que los comuneros Opatas se sintieron ofendidos por las exenciones que sus funcionarios disfrutaban del trabajo de campo en tierras de misión. Además, azotar, ya sea ordenado por sus propios gobernadores o por oficiales españoles, era humillante... "

Fuente: Wandering Peoples
Colonialism, Ethnic Spaces, and Ecological Frontiers in Northwestern Mexico,
1700—i8so By: Cynthia Radding

El 6 de Julio de 1805 el Teniente retirado de caballería Francisco Galaz solicita al Virrey por medio del departamento de Provincias Internas se le coloque en el ramo de Rentas o se le dé una compañía de caballería por haber sido Comandante del Presidio de Bavispe.

En 1814 se funda Bavispe como Ayuntamiento.

En el año de 1828, tres apaches de Janos (Chihuahua) y San Buenaventura (municipio de Buenaventura, Chihuahua), Calabazas, Yayame, y Andrés roban en Bavispe (Sonora) varios caballos que llevan al río Temehuaque, oeste de Casas Grandes ([Chihuahua]. En la investigación que siguió, se averiguó que eran apaches pacíficos, advirtiendoles que no debían cometer actos hostiles y que sólo iban a ser detenidos).

Fuente: https://apacheria.es/la-apacheriasiglo-xix-2/

DON MARIANO SAMANIEGO DELGADO

Nace en Bavispe Sonora quien fuera gobernador de Chihuahua y amigo personal de Benito Juárez.

Don Mariano Samaniego Delgado nace en Julio de 1831, Hace sus estudios de Medicina en la ciudad de París Francia, estableciéndose en Ciudad Juárez Chihuahua. Se distinguió por Su iniciativa y honradez. Reconocido filántropo se hizo estimar por todas las clases sociales, principalmente las más pobres y desvalidas a las cuales ayudó y protegió.

Fue Jefe del Cantón Bravo y se adhirió al Partido Republicano llegando a ser de los amigos más cercanos al Presidente Benito Juárez durante su permanencia en el Paso del Norte.
Fue diputado federal en 1867 y diputado local en diez legislaturas del Estado de Chihuahua. En su segundo mandato como Jefe político y militar del Cantón Bravo se opuso a la rebelión de La Noria.
Fue Gobernador de Chihuahua en su primer mandato del 3

de Octubre de 1876 hasta el 6 de Febrero de 1877 en que fue depuesto por los defensores del Plan de Tuxtepec. Posterior a éste golpe radicó en Hermosillo allá por 1878 y hasta 1880 dedicándose a su profesión como médico. Al asentarse las cosas en El Paso del Norte retornó como Cónsul mexicano en El Paso Texas.

En los siguientes años ocupó varios puestos en ésta frontera, entre ellos fue Administrador de la Aduana. Como Presidente de la Junta de Beneficencia ejecutó importantes trabajos de urbanización en ésta ciudad, posteriormente llamada Cd. Juárez.

Volvió a ser Gobernador del estado en 2 ocasiones más siendo éstas desde el 18 de Agosto de 1881 al 18 de Octubre de ese mismo año y por tercera ocasión a partir del 6 de Noviembre de 1882 al 6 de Mayo de 1883.

CONTINÚAN LOS ATAQUES APACHES

1832

El 26 de marzo, los apaches se llevan una manada de caballos de Fronteras (Sonora) e incursionan por diferentes partes del Estado. (Una semana después, los apaches interceptan el correo entre Bavispe Sonora y Janos [Chihuahua] obteniendo información de los planes mexicanos para exterminarlos. Con el aumento de las incursiones apaches, los gobernadores y comandantes militares de los estados de Sonora y Chihuahua decidieron organizar expediciones punitivas contra los apaches).

Fuente: https://apacheria.es/la-apacheriasiglo-xix-2/

1833

El 2 de junio, una banda de apaches chiricahuas ataca Bavispe (Sonora).

Fuente: https://apacheria.es/la-apacheriasiglo-xix-2/

1834

En el año de 1834, el licenciado José Agustín de Escudero edita "Noticias estadísticas del Estado de Chihuahua", un compendio social, económico y político de la situación de dicho Estado y en el apartado 23 decía: "Indios apaches que existen de paz a la inmediación de varios puestos de la frontera": En Bavispe existen 37 Apaches cuyo Jefe es el apache "El Huero".

Fuente: https://apacheria.es/la-apacheriasiglo-xix-2/

1844

Para Marzo de 18844 las escaramuzas de los apaches con paisanos y milicianos mexicanos eran constantes y ambas partes sufrían bajas aunque la economía y la sociedad de Sonora eran las que llevaban la peor parte si hemos de creer en las repetidas denuncias realizadas por diversos vecinos y oficiales. Los relatos que se dejaron citan a los personajes, muchos de los cuales únicamente aparecen en la historia en el momento de su muerte violenta: "En esta época se ha formado una cadena no interrumpida de robos y muertes que han sufrido estos mismos Pueblos y los de todo el partido: que en las inmediaciones de Bavispe dieron muerte los Apaches Yaqui, Cojo Americano y otros a Marcelino Grijalba llevándose a Don Juan Bustamante...".

A veces los apaches mataban a sus cautivos pero según el estado de ánimo en que se encontraban se conformaban con un simple rescate pagado con aguardiente, como fue el caso de José María Rojas a quien los apaches hicieron prisionero y que el Mayordomo del Bavispe liberó mediante la entrega de cierta cantidad de esta bebida. Menos suerte tuvo su vecino Antonio Pisano al que los apaches dieron muerte llevándose algunos caballos, mulas y ganado.

Otro ataque más a Bavispe. En octubre, la banda apache chokonen de Irigoyen incursiona a lo largo del río Bavispe, atacando Bavispe, Huásabas, Oputo y Moctezuma todos en Sonora. En un largo informe fechado el 3 de octubre de 1844, el comandante de Fronteras Sonora coronel Antonio Narbona verificó que los apaches acampados en el vecindario de Janos incursionaban constantemente por el estado de Sonora, yendo a Fronteras a vender su botín.

Fuente: https://apacheria.es/la-apacheriasiglo-xix-2/

1849

Tras 5 años sin ataques, el 8 de abril, aproximadamente 100 guerreros apaches, divididos en dos partidas vuelven atacar Bavispe Sonora.

A principios de junio de 1849, una numerosa banda apache, con el jefe chokonen Irigoyen, Pocito (no Poncito, activo en la zona de Sonora), Carro (que había estado en paz en Janos [Chihuahua], durante la segunda mitad de 1843) y Antonio (Charro o Vívora?) llega a una distancia prudencial de Bavispe (Sonora) pidiendo cambiar cautivos y hablar de paz. (Habían oído que los norteamericanos desde el norte del río Gila, así como los mexicanos de Sonora, iban a hacer una gran campaña contra ellos).

El 15 de junio, tres apaches nednais Negrito, Ratón y Gervasio, un hijo de Juan José Compá, entran en Janos (Chihuahua) para negociar, desconociendo la nueva ley de Chihuahua, por lo que son detenidos por el teniente Padilla ante quien admiten ser los autores de las recientes incursiones en Bavispe y Bacerac (Sonora) y revelan que tres días antes habían combatido con tropas de Sonora en el que resultaron muertos cuatro apaches y varios soldados. (Furiosos por las muertes apaches, Candelario, otro hijo de Juan José Compá, mató a un joven capturado en una reciente incursión en Bavispe. Los apaches se preocuparon cuando Negrito, Ratón y Gervasio no regresaron a su campamento.

Bartolo y otros familiares fueron a averiguar qué había sido de ellos. El teniente Padilla le dijo que estaban los tres retenidos como rehenes. La situación era tensa, pero al día siguiente, los apaches, vieron a Negrito; por lo que luego se retiraron a la base de una colina cercana y más tarde se trasladaron a Lagunitas, noroeste de Janos, donde estaban acampadas sus familias. En el camino a Las Lagunitas recogieron a los miembros de la familia de El Cochi que estaban cosechando mezcal, llevándose dos caballos que pertenecían a Juan Zozaya, de Janos. Pocos días después, el apache nednai El Cochi y su hijo Perea abandonaron el presidio y volvieron a su ranchería.

El 17 de junio, por la mañana, consciente del gran número de apaches en la zona, trasladó a los nednais Negrito, Ratón y Gervasio a Corralitos [municipio de Casas Grandes, Chihuahua], cuyo comandante era el capitán José María Zuloaga.

Del 4 al 22 de junio, una banda chokonen de unos 100 guerreros ataca Bavispe (Sonora. El jefe chihenne Mangas Coloradas no estaba con ellos porque se había ido a Janos [Chihuahua]. Durante ese mes, algunos apaches siguieron apareciendo por Janos y cerca de Casas Grandes para intentar algún tipo de negociación en la liberación de los apaches nednais Negrito, Ratón y Gervasio a Corralitos).

Fuente: https://apacheria.es/la-apacheriasiglo-xix-2/

EUSEBIO SAMANIEGO

El 16 de marzo de 1851, 230 soldados mexicanos de Bavispe y Fronteras (Sonora) al mando del capitán Eusebio G. Samaniego, atacan la ranchería de la banda apache de Láceris, cerca de la sierra del Carcay (Chihuahua), matando a tres mujeres y capturando a cinco más.

El 13 de octubre, el capitán Eusebio G. Samaniego vuelve a atacar una ranchería chokonen de los jefes apaches Posito Moraga y Trigueño, cerca de Carretas (Chihuahua), matando a cuatro guerreros, dos mujeres y un muchacho, y capturando a seis mujeres y tres niños.

1854

A finales de junio, tropas mexicanas al mando de Eusebio Samaniego salen de Bavispe (Sonora) guiadas por el chiricahua Mariano Arista y por el ópata Alberto Guaymuri, dirigiéndose a las Animas Mountains (Hidalgo County, New Mexico) donde atacan una ranchería apache y capturan a 14 personas.

1856

En mayo, Mangas Coloradas se une a los bedonkohes con su hijo Cascos; a los chihennes de Victorio, Monteras y Negrito; y a los chokonen de Cochise, estableciendo un campamento base al este y al sur de Bavispe (Sonora), incursionando por Sonora y Chihuahua.

Fuente: https://apacheria.es/la-apacheriasiglo-xix-3/

NO HUYAN BAVISPES...!

¡No Huyan Bavispes... con Ustedes tengo !

Esta frase seguramente Usted la ha escuchado y tiene su origen en la defensa de la H. Caborca frente a los filibusteros del Norte comandados por Henry Alexander Crabs cuando en 1857 fue atacada y defendida con valor por las fuerzas locales al mando de los Generales Gabilondo, Girón y otros.

Lejos de denostar el espíritu del contingente de "Bavispes" comandados por el Gral. Gabilondo que apoyaban la defensa de Caborca, éste fue un llamado de ánimo del General al ver que muchos soldados de otros regimientos flaquearon acobardándose ante el numeroso contingente de filibusteros.

Según versiones, el General Gabilondo, al ver que muchos huían gritó: **No "juyan" Bavispes... que con ustedes tengo...!!!**

Al escuchar esto, el contingente formado por la gente de Bavispe se mantuvo tras las barricadas, combatiendo con valentía hasta el final de la batalla, apoyando a las fuerzas locales hasta salir victoriosos. El siguiente es un relato más general de los sucesos ocurridos ese día:

"... 106 años después de la inmolación del Padre Tello, Caborca, ahora Heroica Caborca, vuelve a teñirse de sangre. En esta ocasión ya no se trata de españoles e indios, sino de mexicanos y estadounidenses.

En efecto, por los primeros días del mes de Abril de 1857, una columna de extranjeros, procedentes del país del Norte, Estados Unidos de Norteamérica, amaga a Caborca y con ésta al Estado de Sonora, de una inminente invasión. Este amago -insolente y prepotente- conmovió al Estado hasta el punto de movilizar, en forma rápida, inteligente y espontánea a las fuerzas armadas, las que al mando de sus respectivos jefes, hicieron acto de presencia al reclamo de la patria en el lugar donde se realizó este histórico encuentro.

Los nacionales se parapetaron en el templo de Caborca; los filibusteros en la parte frontal del mismo. Fué una enconada lucha en la que hubo actos de heroísmo, culminando la batalla con el triunfo de las armas nacionales. El jefe de los filibusteros, el ya citado Crabb, fué hecho prisionero y en rápido juicio militar, condenado a muerte y fusilado, igual que los demás prisioneros. Estos hechos tuvieron su epílogo sangriento el 6 de abril de 1857.

En la batalla que acabamos de reseñar -en forma por demás breve- participaron ameritados jefes como Gabilondo, Girón y otros, igualmente distinguidos, pero detrás de ellos estaba el hombre fuerte de Sonora, el General Pesqueira, quien desde Ures, en aquel tiempo capital del Estado, al tener conocimiento de la incursión filibustera, lanzó desde la citada ciudad, una encendida proclama que se inicia con las siguientes palabras: SONORENSES LIBRES! A LAS ARMAS! En ninguna otra proclama, que sepamos, se advierte tanta decisión y patetismo, y, además, un dejo de premonición al decir en dicha proclama: "Pronto volveremos llenos de gloria después de haber asegurado para siempre la prosperidad de Sonora".

Efectivamente, la malhadada incursión de Crabb, selló para siempre los instintos de filibusterismo y Sonora entró a la época de prosperidad.

A partir del último hecho de sangre registrado en la H. Caborca - 6 de abril de 1857- no ha habido otro que revista los caracteres de los anotados en este Tríptico Sangriento. La ciudad ahora vive en paz y prosperidad, disfrutando los bienes que le brinda su prodigioso Valle, mediante la acción de sus laboriosos habitantes y la técnica que han implantado, quizá la más moderna de la nación..."

SOLDADOS NORTEAMERICANOS EN SONORA

En 1861 el Gobierno de Estados Unidos inicia una campaña en contra de los Apaches en su territorio lo que años después implicaría extender dicha campaña a territorio mexicano en común acuerdo con México para intentar capturar a Gerónimo.

El 11 de septiembre, un ciudadano de Bavispe (Sonora), llamado Agustín Acuña, que había venido de Corralitos (Chihuahua) donde había algunos chiricahuas y por comentarios de éstos, informa que el chokonen Cochise ha reunido varios guerreros en el valle de las Ánimas (Animas, Hidalgo County, New Mexico) con idea de atacar Fronteras (Sonora).

Fuente: https://apacheria.es/la-apacheriasiglo-xix-3/

1863

En noviembre, el capitán Heraclio Escalante y 90 hombres de Bavispe (Sonora) destruyen una ranchería cerca de Janos (Chihuahua) matando a 21 apaches, seis de ellos varones y capturando a siete más.

Fuente: https://apacheria.es/la-apacheriasiglo-xix-3/

1864

El 11 de diciembre, soldados de Bacoachi, Fronteras y Bavispe (Sonora) atacan una ranchería en las Animas Mountains (Pima County, Arizona), matando a 39 apaches (9 guerreros y 30 mujeres y niños), capturando a 28 más, incluyendo 3 bebés que mueren congelados en el camino de regreso a Bavispe.

Fuente: https://apacheria.es/la-apacheriasiglo-xix-3/

1865

A principios de abril, la banda de Cochise ataca a los mexicanos en Tasavare (Sonora) en el camino que va de Bavispe (Sonora) a Janos (Chihuahua), atacando también a otros mexicanos que van en sentido contrario, de Janos a Bavispe.

Fuente: https://apacheria.es/la-apacheriasiglo-xix-3/

1870

A finales de marzo, un destacamento de soldados mexicanos ataca una ranchería apache en la Sierra de Teras (municipio de Bavispe, Sonora), matando a cinco guerreros y capturando a otros tres.

Fuente: https://apacheria.es/la-apacheriasiglo-xix-3/

1873

El 28 de junio, los apaches roban 10 burros cerca de Bavispe lo cual fue incluido el día 12 de agosto en el periódico "Alta" de San Francisco donde se publica una carta del Gral. Ignacio Pesqueira, gobernador de Sonora, en la que se queja de las incursiones apaches en su Estado, armados con excelentes rifles, a pesar de estar en paz en Arizona. En esa carta hace una relación de las últimas incursiones apaches incluyendo: que en julio, soldados de Magdalena Sonora persiguen a un grupo de apaches quitándoles tres mantas grises con la marca del gobierno de los Estados Unidos en ellas; en julio, unos apaches aparecen cerca de Arizpe, huyendo cuando llegan los soldados; también se presentan cerca de Huepac y Banámichi [los tres en Sonora]; el 4 de julio, matan a Francisco Fimbres y a Ruíz cerca de Tepachi [Tepache, Sonora]; el 7 de julio, los apaches matan a dos bueyes cerca de Baca de Huachi Sonora; el 9 de julio, Lucio y Pedro Gutiérrez son heridos por los apaches cerca de Nacorí Chico Sonora; el 16 de julio, roban todos los caballos de los corrales de Ojo de Agua [municipios de Cumpas o de Cananea ?, Sonora]; el 17 de julio, matan a Marcos Acosta cerca de Sinoquipe [municipio de Arizpe, Sonora]; el 20 de julio, los apaches matan a la señora Flores y a su hijo de 10 años en el rancho El Realito [municipio de Gaymas, Sonora]; el 21 de julio, los apaches roban 10 caballos de Pima [?]. Ellos llevaban sombreros negros y gabanes de soldados americanos siendo confundidos con viajeros blancos de California).

Fuente: https://apacheria.es/la-apacheriasiglo-xix-3/

1874

El 13 de junio, un grupo de apaches nednais de la banda de Juh incursiona en el rancho de Feliciano Ruiz, en Bavispe (Sonora) pero no puede llevarse el ganado por la presencia de los vaqueros en las cercanías.

Fuente: https://apacheria.es/la-apacheriasiglo-xix-3/

GRAL. MIGUEL S. SAMANIEGO

Militar originario de Bavispe, Sonora. Nació el 27 de Enero de 1877. Se enlistó en las tropas constitucionales a principios de 1913. Figuró en la Brigada "García Morales" que comandaba el Gral.

Plutarco Elías Calles; combatió a los villistas en 1915.

Fue el único jefe sonorense que se negó a desconocer al presidente Carranza; reingresó al ejército y murió asesinado en Agua Prieta el 30 de Enero de 1929, a la edad de 52 años. Su muerte se hizo parecer como un suicidio, pero se ha considerado un crimen político en virtud de que no estaba de acuerdo en tomar parte en la rebelión renovadora que estalló días después. Fue asesinado en el Hotel Central de Agua Prieta; contrataron a una mujer para que entregara las llaves al asesino.

Recogió el cuerpo del Gral. Samaniego, el señor Jesús Soto Samaniego, para trasladarlo al lugar de su nacimiento, al pueblo que tanto honró: Bavispe, Sonora.

Sus padres fueron: el Sr. José Samaniego Romo y la Sra. Emigdia Samaniego Montaño y sus hermanos: Ana Joaquina, Manuel J.,

Reynaldo, Ludovico, Mariana, Rosita y Eufemia Samaniego Samaniego.

Contrajo matrimonio con la Señorita Fidela Dávila Moreno, el 11 de Febrero de 1899 y procrearon seis hijos: Natalia, Lauro, Carlota, Miguel, Laurita y Ludovico Samaniego Dávila.

Estudió en Hermosillo en el Colegio Sonora y de ahí se fue a estudiar teología en el Seminario en Culiacán, Sinaloa, para recibirse de sacerdote, pero ahí no encontró su vocación, así que se fue a su pueblo de Bavispe y ahí se estuvo hasta que llegó el tiempo de tumbar la dictadura, uniéndose a la causa maderista.

Recibía correspondencia de Madero, hizo un mitin, le habló al pueblo de la causa maderista y era para tumbar la dictadura; después salió a Ciudad Juárez, Chihuahua donde se reunió con Madero y surgió su carrera de militar.

Fue Presidente municipal de Bavispe, así como Jefe de Armas allí mismo.

Rangos Obtenidos:

*El de Cabo el 11 de Abril de 1911.

*El de Cabo 2º, el 17 de Mayo del 1911. Nombramiento dado por el C. Gobernador de Chihuahua, Don Abraham González.

*El de Capitán 1º, el 17 de Mayo de 1912.

*El de Mayor, el 17 de Abril de 1913. Nombramiento dado por el Coronel Juan G. Cabral.

*El de Teniente Coronel, el 1º de Junio de 1913. Nombramiento dado por el General Álvaro Obregón.

*El de Coronel, el 19 de Noviembre de 1914. Nombramiento dado por el General Benjamín G. Hill.

*El de General Brigadier, el 22 de Junio de 1916. Nombramiento otorgado por órdenes de la Secretaría de Guerra y Marina.

Sirvió a las órdenes:

-Del Coronel José de la Luz Blanco.

-Del General. J. Garibaldi.

-De los Generales Ojeda y Gil, mandando un Escuadrón del regimiento "Voluntarios del Norte".

-Del General Plutarco Elías Calles, mandando el 3er. Regimiento de Caballería.

-Del General Benjamín G. Hill.

-En la División de Occidente a las órdenes del General de División, Manuel M. Diéguez y generales de Brigada Pablo Quiroga y Enrique Estrada, mandando el 32º Batallón y las Brigadas 4ta. De Infantería.

Algunas campañas y acciones de guerra fueron:

-El 7 de Marzo de 1911 combate en Agua Prieta contra la Federación a las órdenes del Coronel José de la Luz Blanco.

-El 8 de mayo de 1911, Combate en la toma de Ciudad Juárez Chihuahua, a las órdenes del Coronel J. Garibaldi.

-El 27 de Marzo de 1912, combate en "Ojo del Monte", Son., siendo Presidente Municipal y Jefe de Armas de Bavispe, Son. recibiendo órdenes del Gobernador del Estado.

-En Julio de 1912, combate en "Ojitos" Chihuahua, contra orozquistas, a las órdenes del General Sanjines, y en el mismo mes, combate en San José a las órdenes del General Plutarco Elías Calles.

-El 13 de Abril de 1913, combate y toma de la Plaza de Naco, Son.

-En Enero de 1914, combate en Sierra del Carcaj, Chihuahua.

-Del 15 al 17 de Marzo de 1915, combate en la Villa de Moctezuma, contra fuerzas maytorenistas.

-En Mayo de 1915, combate en San Pedro de la Cueva , contra fuerzas maytorenistas, mandadas por Jesús Trujillo. -En Octubre de 1915, combate en las playas de Guaymas, Son. Contra maytorenistas.

-Del 2 de Febrero al 31 de Julio de 1916, realizó la campaña del Yaqui en el Estado de Sonora, habiendo librado varios combates.

· El General Miguel S. Samaniego, sirvió a las fuerzas Maderistas del 10 de Marzo al 30 de Septiembre de 1911, en el Estado de Sonora, a las órdenes del Coronel J. G. Cabral.

· En la Gendarmería Fiscal a las órdenes del Coronel J. G. Cabral en el Estado de Sonora del 10 de Febrero de 1912 al 22 de Febrero de 1913.

· En el Primer Cuerpo de Voluntarios de Cananea a las órdenes del Teniente Coronel Manuel M. Diéguez del 7 de Marzo de 1913 al 30 de Abril de 1914 en Sonora y Sinaloa.

· En el 13º Batallón de Sonora a las órdenes del Teniente Coronel Pablo Quiroga del 1º de mayo al 27 de Agosto de 1914.

· En el Estado Mayor de la División de Occidente, del 28 de Agosto al 12 de Diciembre de 1914 a las órdenes del General Manuel M. Diéguez.

· En el 11º Batallón de Sonora del 13 de Diciembre de 1914 al 30 de Julio de 1915, a las órdenes del Teniente Coronel J.M. Ferreira en la División de Occidente.

· En el 13º Batallón de Sonora del 1º de Agosto de 1915 al 28 de Febrero de 1916, a las órdenes del Coronel M. Albáñez de la División de Occidente.

· En la 4ª Brigada de Infantería en el Estado Mayor, del 1º de Marzo al 31 de Noviembre de 1916, a las órdenes del General Miguel S. Samaniego de la División de Occidente.

· En la 2ª Brigada de Caballería en el Estado Mayor del 1º de Diciembre de 1916 al 31 de Enero de 1917, a las órdenes del General Miguel S. Samaniego de la División de Occidente.

· En la 1ª Brigada de Infantería en el Estado mayor de 1º de Febrero de 1917, hasta la fecha en que se cierra esta hoja.

1917

CARTA DE INDIGNACIÓN DEL GRAL. SAMANIEGO:

En esta carta reclama el Gral. Miguel S. Samaniego, desde Torreón Coahuila, el 9 de Agosto de 1917, al General de División Jesús Agustín Castro, relatando lo que vio en San Pedro de la Cueva, donde Villa, Medinaveytia y Ocaranza mataron a 79 hombres y junto con sus tropas, violaron a las mujeres del lugar.

Al parecer el General Samaniego estaba indignado por un reconocimiento o gratificación recibida por el "General" Medinaveytia.

..."Con positiva pena, pero obligado por justos sentimientos, al ver contrariados nuestros ideales; basados en los Principios de legalidad y Justicia. Con positiva pena, repito, me permito distraer su muy digna atención, al saber que las criminales acciones del llamado "GENERAL"

Medinaveytia y demás bandidos que lo acompañan, han sido gratificados sin tenerse en cuenta que muchos seres desgraciados que actualmente viven en la más negra orfandad, con doliente gemido piden venganza contra esos malvados, piden justicia..."

Así comienza su carta el Gral. Samaniego, con su toque característico de valor que lo distinguió a lo largo de su corta pero fructífera vida. En otro párrafo relata a detalle lo sucedido a ésta pobre gente de San Pedro de la Cueva:

...”Aseguro a Usted mi General, que nadie ha presenciado un cuadro tan doloroso como el que se presentó a mi vista a la entrada de aquel pueblo..."

En otro párrafo continúa:

...” pues habían asesinado a SETENTA Y NUEVE pacíficos vecinos del mismo pueblo, de todas edades, en presencia de las Esposas, los Hijos y Hermanos; trayéndolos en filas a la plaza, punto que eligieron los bandidos como teatro del macabro espectáculo..."

MUERTE DEL GRAL. SAMANIEGO.

El Gral. Samaniego se niega a tomar parte en la rebelión de "Los Renovadores” movimiento hecho por leales al Gral. Álvaro Obregón y es asesinado el día 30 de Enero de 1929 a unas semanas que ésta rebelión estallara.

Los rebeldes tratan de hacer aparecer el crimen como suicidio pero el Mayor Machiche no acepta la versión y exige una investigación, como no obtiene respuestas se levanta en armas.

Trascripción del acta de defunción del General Miguel S. Samaniego, de acuerdo al acta Número 12 inscrita en el libro Séptimo de defunciones de la oficialía del Registro Civil de Agua Prieta Sonora., que obra en la foja 14 del citado libro y que a la letra dice.

“... Al margen derecho del acta ¨no. 12 (testado o tachado)

luego arriba del mismo el número 12, acta número 12, fallecimiento del señor Miguel S. Samaniego, edad 44 sobre el primer cuatro un cinco (55), años, heridas de armas de fuego.,... seguidamente aparece., en el cuerpo del acta de fallecimiento no 12 en la villa de Agua Prieta Sonora, a los treinta y un días del mes de enero de 1929, doy fe de que con esta misma fecha se recibió una comunicación del ciudadano Juez Local fechada hoy mismo del tenor siguiente.- tengo el honor de manifestar a usted, que ayer a las doce horas cuarenta y cinco minutos mas o menos según las mayores probabilidades que resultan de las diligencias que practicó este juzgado, se privó de la vida el C. General Miguel S. Samaniego en el hotel central de este lugar disparándose un balazo en el corazón. Los datos recogidos en la identificación legal del cadáver son los siguientes: Miguel S. Samaniego, de cuarenta y cuatro años de edad, casado que fue con la señora Fidela Dávila de Samaniego de cuarenta y cuatro años de edad, con residencia en Bavispe Sonora, que era General del Ejército Mexicano, y fue hijo del señor José (aparece una H o una R ilegible) Samaniego y de la señora Emigdia Samaniego N. Ambos finados; finalmente que dicho General Samaniego era originario del mismo pueblo de Bavispe sonora., al comunicarle a Ud. Para los efectos legales que correspondan le suplico se sirva remitirme inmediatamente una copia del acta de defunción para agregarla al expediente El cadáver fue trasladado al pueblo de Bavispe Sonora previo permiso que el Ciudadano Gobernador del Estado concedió según telegrama número 25 de fecha Primero de (testado el primero), el cual se adhiere para constancia y que dice ¨ Juez del Registro Civil Concédese permiso traslado General Samaniego de esa a Bavispe. Gobernador F Topete, Doy Fe, Fecha Primero no vale., el Juez del Registro Civil Firma Ilegible.

En esos preciso términos se encuentra el acta de defunción y la orden de traslado. (Cortesía de Heberto Zozaya M)

La versión oficial dice:

"... se privó de la vida el C. General Miguel S. Samaniego en el Hotel Central de este lugar disparándose un balazo en el corazón...

Estadísticamente, si un individuo tiene una pistola es más fácil y efectivo cometer suicidio con un balazo en la sien que uno en el corazón..."

PABLO MACHICHE COLOSIO "EL ÚLTIMO GUERRERO"

En este lugar nació por el año de 1880 Pablo Machiche, hijo del Sr. Ángel Machiche y la Sra. Adriana Colosio.

Contrajo nupcias con la Srita. Joaquina Cruz de cuya unión nacieron Ángel, Georgina, Gabriela y Francisco.

En la imagen lo vemos retratado de izquierda a derecha con un Cabo no identificado, al centro el Coronel Ludovico Samaniego Samaniego (Hermano del Gral. Miguel S. Samaniego) y a la derecha el General Pablo Machiche Colosio.

En 1910, Pablo Machiche decide alzarse en armas y sale del mineral "El Tigre" junto con varios compañeros que se unieron al entonces Cabo Miguel S. Samaniego, entre ellos: Enrique León, Candelario Cervantes (éste fue villista), Antonio B. Loreto, así como un fuerte contingente de mineros que cambiaron la barreta por el fusil, para ir a combatir por sus ideas de reivindicación.

1911

En el año de 1911 Pablo Machiche se incorpora a la revolución bajo las órdenes del entonces Cabo 2do. Miguel S. Samaniego, tomando parte en la Toma de Cd. Juárez, ese mismo   año.

Meses después Pablo Machiche toma las armas para defender la causa del gobierno de Don Francisco I. Madero, causando alta como Sargento Primero en la Cuarta Compañía de los voluntarios de Bavispe; nuevamente a las órdenes del Cabo 2do. Miguel S. Samaniego. Pelearon en chihuahua contra los Colorados. Regresaron al Estado de Sonora y quedaron de guarnición en algunos poblados, retornando a Bavispe por el mes de julio de 1912.

1913

Con motivo del asesinato de Don Francisco I. Madero, los voluntarios de Bavispe al mando del Miguel S. Samaniego, entre ellos Pablo Machiche se presentaron con Plutarco Elías Calles en Agua Prieta pasando a ser parte del Ejército Constitucionalista.

En ese mismo año Pablo Machiche asciende a teniente. Junto con su regimiento es comisionado a campaña para el estado de Chihuahua en la región serrana.

1914

Las fuerzas del Teniente Coronel Miguel S. Samaniego se concentran en Agua Prieta Sonora para reforzar a Plutarco Elías Calles, siendo Pablo Machiche Capitán segundo.

1916

El Capitán Pablo Machiche refuerza la Guarnición en Bavispe, en servicio de vigilancia ya que existían muchas gavillas y Yaquis alzados.

1920

El Gral. Miguel S. Samaniego y el Mayor Pablo Machiche se niegan a firmar el Plan de Agua Prieta, permaneciendo fieles al presidente Venustiano Carranza. Por esta acción quedan fuera del servicio de las armas.

SIGUEN LAS INCURSIONES AMERICANAS EN SONORA

El 6 de Mayo de 1883 el General John Crook pasa por Bavispe y Bacerac recibiendo previamente la autorización por parte del Gobierno Mexicano para ingresar junto con sus tropas en nuestro territorio con la finalidad de perseguir a los trescientos Apaches Chiricahuas junto con su jefe Gerónimo hasta las profundidades de la Sierra Madre. Crook se enteró de la rivalidad que existía entre los Apaches Chiricahuas y los Apaches del Oeste y no dudó en pedirles ayuda, la cual le fue dada y junto con doscientos guías Apaches del Oeste emprendió la búsqueda de Geronimo y sus seguidores.

1885

A mediados de la década de 1870, el presidente Brigham Young envió emisarios a México en busca de lugares para colonizar, tanto como un refugio de la persecución en los Estados Unidos y como una manera de presentar el evangelio en América Latina. Los primeros colonos Santos de los Últimos Días llegaron en 1885, y finalmente siete colonias se establecieron en el río Casas Grandes en el norte de Chihuahua y dos más en el río Bavispe en el norte de Sonora..

EL TEMBLOR DE 1887

Del historiador Néstor Fierros Moreno rescato este interesante relato del temblor que afectó a Bavispe y pueblos vecino, siendo de una escala superior a 7 en la escala actual de Richter:

".... A fines del siglo pasado se sintió en la región del Río Bavispe, un fuerte movimiento de la corteza terrestre, que con menos intensidad fue sentido en la mayor parte del Estado de Sonora.

Este suceso, que casi arrasó los pueblos de Bavispe y Fronteras, tuvo mucha influencia en la vida de aquella región, pues servía de punto cronológico para relatar hechos sobresalientes. En todos los sucesos se tomaba como referencia cronológica el año del temblor del 87.

Muchos ancianos que no sabían contar los años que tenían, daban como referencia el año del temblor. Por allá en los treintas o cuarentas le preguntaba uno a un viejito, por ejemplo: Doña Gabriela : ¿Cuántos años tiene? y respondía: Ay hijo: pues no me acuerdo, sólo sé que en el año del temblor yo tenía 8 años; o alguno otro decía : Yo nací en el año siguiente del temblor; y así el punto de referencia era antes o después del temblor.

Los pueblos más afectados con éste fenómeno fueron Fronteras y Bavispe, más éste último; pero también se sintió en Huásabas, Granados y puto. De éstos tres pueblos el más afectado fue Granados, pero no se lamentaron desgracias personales, sólo se cuartearon algunas casas y muy pocas se cayeron, unas dos o tres.

Del Profesor Sandomingo, de su libro de Historia de Sonora, tomo éste párrafo que habla del suceso, dice así:

"El 3 de Mayo de 1887, a las 3 de la tarde, la cámara magmática que existe entre Huásabas y Bavispe, arrasa a las pobres viviendas de nuestros indios, cuartea casas menos cimentadas y son centenares las familias que son aplastadas bajo los escombros. Los supervivientes se arrodillan en las calles y elevan al cielo sus plegarias.

Foto de finales de 1888

Foto de 2013

En Bavispe las campanas tocan solas, la gente huye a lo alto de la loma, llora y reza, la tierra se cuartea, nadie puede salir a dar auxilio, el río quedó seco, después se inunda, la sierra arde y el desastre es completo; queda una casa en pie como testigo que ahí hubo una ciudad sin ventura.

En Fronteras las campanas tocan solas, las gentes huyen, se arrodillan y rezan, la iglesia cae con estrépito y en el campanario quedan tan sólo tres pilares, que más tarde se derriban a cañonazos para evitar mayores desgracias. Desde entonces el magma está quieto, duerme." Hasta aquí el Profesor Sandomingo.

Aquí otra versión tomada en relatos de testigos que vivieron el temblor; relatos que yo guardo y ahora los expongo aquí, veamos:

Un arriero que viajaba de Bavispe, Son. a Casas Grandes, Chihuahua me contó a mí, siendo él ya un viejito, lo siguiente:

"El 3 de Mayo de 1887 nos hallábamos acantonados en una casa que ocupábamos cerca del pueblo, ajenos completamente a la catástrofe que se avecinaba, de repente un ruido subterráneo y se cimbró toda la tierra, todas las casas se vinieron abajo al mismo tiempo, una viga prensó la pierna derecha de uno de mis compañeros, apenas alcanzó a salir, era la media tarde.

De las casas del camino salió una mujer gritando como loca, iba completamente desnuda. Un hombre pasó con la cara llena de sangre, golpeándose contra todo. Los animales relinchaban y corrían asustados. La casa de enseguida cayó, lo mismo que la de nosotros, como si hubiera sido de arena.

La casa de Don Cosme, uno de los pudientes del pueblo, se derrumbó y mató a toda la familia, entre ellos una hija que se acababa de casar, ahí quedó bajo un montón de escombros con todo y marido. Don Cosme murió con la cabeza prensada bajo un pilar. Parecía el fin del mundo. Luego pasó un hombre corriendo a caballo como loco, y apenas pudo decir que Bavispe y La Galera habían, desaparecido.

Todo en esos lugares se había derrumbado. Fue algo terrible, todavía otro día la gente no hallaba qué hacer". Hasta aquí el relato.

No hubo quien diera auxilio, hasta los 4 o 5 días llegó de Moctezuma, el Capitán Emilio Kosterlisky, con algunos soldados de la Guardia Nacional, 12 de Moctezuma y 10 de Huásabas y comenzaron a desenterrar. Cavaron una zanja y allí echaron a todos los muertos juntos, sin distinción de personas, pues se temía una epidemia cuando los cadáveres entraran en descomposición. En cuanto a servicios médicos, eran nulos, pues no había ningún médico en esos pueblos tan apartados.

Para el 8 de Mayo ya estaba todo casi normal, bajo control como dirían ahora, todavía siguió temblando durante algunos días, de lo alto de los cerros se desprenden enormes peñascos y rodaban a las partes bajas, la tierra estaba cuarteada en profundas grietas y en partes caliente, y una especie de lava volcánica verdosa y piedras fundidas. No se sabe con precisión el número de muertos que hubo en ésta catástrofe; pero según cálculos de gentes de esa época, pasaron de 600 muertos de Bavispe, Bacerac y La Galera.

En Hermosillo, Sonora, tembló tres días después, el 6 de Mayo.
Este es el relato pues del temblor de 1887 que tantos estragos causó en ésta región de Sonora, y no será remoto que cualquiera día se repita, según los científicos que entienden de esto ojalá y no...."

Fuente: Néstor Fierros Moreno.

TELEGRAMA DE 1887.

Este documento es un telegrama enviado a la Cd de México desde Guaymas notificando el temblor de 1887 el cuál

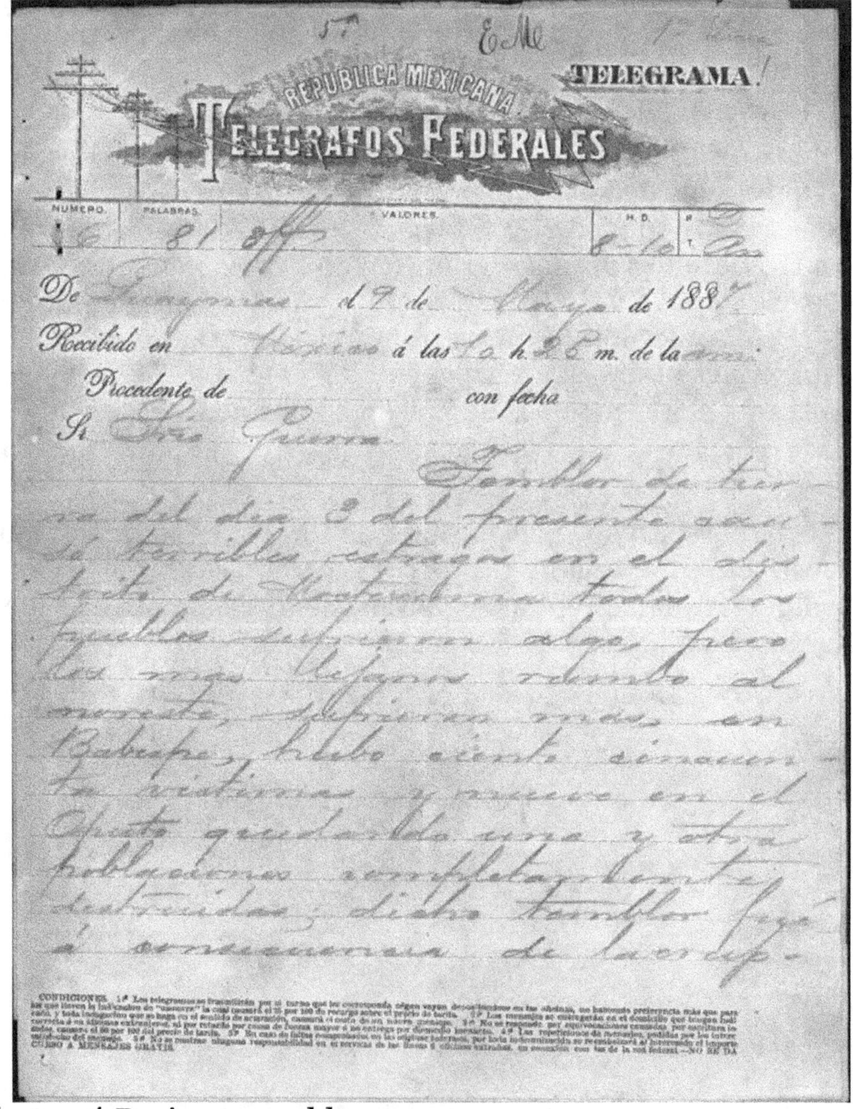

destruyó Bavispe y pueblos cercanos.

Está imagen ha sido tomada de *Irredentos Parias* de nuestra amiga Raquel Padilla Ramos a quién le agradecemos dicho documento histórico y que gracias a la traducción e interpretación de José Rascón Alarcón, Nelsy Germán Cruz, Mirna Reyes, Carmen Zozaya Ochoa, Raquel Padilla Ramos y Nelly Alcaraz dice lo siguiente:

> *"... Temblor de tierra del día 8 del presente causó terribles estragos en el distrito de Moctezuma todos los pueblos sufrieron algo pero los más lejanos rumbo al noroeste sufrieron más en Bavispe (escrito con b la segunda) hubo 150 víctimas y 9 en el Oputo quedando una y otra poblaciones completamente destruidas dicho temblor fue a consecuencias de la erupción (continúa en una segunda hoja, la cual no hemos podido obtener) ..."*

LOS NIÑOS DEL TEMBLOR.

La mayoría de nosotros tuvimos algunas carencias cuando fuimos niños, por ejemplo no tuvimos ropa de marca como se usa ahora, a veces usábamos la ropa que dejaban los hermanos mayores, al iniciar el ciclo escolar solo aspirábamos tener cuadernos nuevos y nuestros zapatos eran los mismos. A pesar de lo anterior éramos afortunados porque teníamos techo, juguetes sencillos, comidas que no faltaban y sobre todo contábamos con nuestros papás salvo sentidas excepciones.

Actualmente las cosas son muy distintas, nuestros hijos

gozan de la mayoría de las comodidades que permite la modernidad como celulares, juegos electrónicos, internet, ropa de moda y de marca, recamaras independientes, y muchas otras cosas que como padres gustosamente proporcionamos, a veces con ciertos sacrificios.

Las dos situaciones anteriores no tienen nada que ver con las penurias y sacrificios que pasaron nuestros padres y mucho menos nuestros abuelos y nuestros abuelos a pesar de las carencias propias de su tiempo no sufrieron la situación que vivieron los Niños del Temblor.

IGLESIA VIEJA DE BAVISPE

Para quienes estén interesados en la historia de Bavispe Sonora agrego éstas fotos, las cuales corresponden a la iglesia Vieja de Bavispe destruida por el temblor del 3 de Mayo de 1887.

Las 2 imágenes inferiores son una representación probable de cómo lucía en sus mejores momentos.

De acuerdo a fotos viejas y según pláticas de personas que escucharon como era la iglesia he podido llegar a éstos bosquejos.

Para quienes les interese saber cómo era la iglesia vieja por dentro, visiten Bacadehuachi, contaba Doña Emigdia Samaniego que era igual, con un espacio central y dos pasillos laterales que parecían túneles y que daban hasta el altar.

VESTIGIOS DEL TEMBLOR

LAS CAMPANA DE LA IGLESIA. Las campanas que actualmente están en la iglesia son las mismas que había en la iglesia vieja.

En ésta foto las podemos ver colgadas en horcones que sirvieron de estructura desde 1887 hasta 1944 que se terminó la iglesia vieja.

RUINAS DE LA PLAZA E IGLESIA. La iglesia vieja quedó destruida (1). Se puede apreciar lo que es la plaza actual (3) y al fondo se ve el arroyo de La Cañada(2), la Presidencia Municipal vieja (10) y la tienda de Ramón Angel Zozaya que anteriormente fueron los corrales públicos (7).

RUINAS DE LA PLACITA. La Placita quedó totalmente destruida. El río al fondo (4), la cas de Anita Santa Cruz (5), la Presidencia Municipal nueva (8) y el Centro de Salud (6).

PUBLICACIÓN DEL TEMBLOR. Así se escribía en el Periódico **"La Constitución"** de Hermosillo Sonora el día 17 de Junio de 1887.

"...El Terremoto Del 3 De Mayo

Estragos causados en Bavispe, Bacerac y sus comprensiones.

Informe que rinde el comisionado que suscribe al superior gobierno del Estado, forme al siguiente cuestionario:

1. ¿Se descubrió algún volcán?

Respuesta: Ninguno se ha descubierto.

2. ¿ Qué cerro se destruyeron en todo o en parte?

Respuesta: Destruidos en lo absoluto ninguno: Se partieron desplomándose en grandes proporciones los siguientes: Él Llano, La Madera, El Colorado y La Ventana, al noroeste a 5 leguas de Bavispe y al norte como dos leguas los cerros de la Angostura, el Agua Caliente, toda la Cordillera de los cerros del Mezcal, La Pita, y El Álamo, notándose que algunos de estos se hundieron en su mayor parte: y al noroeste distante 20 leguas las sierras de la Carbonera y Pitaycachi, principalmente la primera. En Bacerac al noreste La cordillera de Méchapa, la Huatita, el Güero, la Flecha, el temblor y la Ciénega, distantes como tres leguas de aquel pueblo. En la comisaría de Huachinera, jurisdicción de Bacerac, Jaquiverache, el Candelero, el Nori, el Batamote, Huácorachi al oeste y a 5 leguas además, al S.O. el Corazón, el Saíno, la cordillera de Bamochi y el Jarazo, distante 6 leguas.

3. ¿Se abrió la tierra en algunas partes?

Respuesta: Extraordinariamente: Asi en la parte más firme de esta gigantesca sierra Madre, las partes bajas, llanos y cementeras. La abertura principal tiene 7 leguas de largo por 15 m de ancho y se encuentra en la falda de la mesa de la Cabellera, hay otras muchas de menos consideración desde Huásabas hasta estos pueblos. Las más constan de dos, tres, cuatro y cinco pies hasta dos, tres y cuatro metros de anchura y se encuentran en el trayecto de Bacerac a Bavispe, en el camino real: las cementeras, menores son de 100 m de largo.

4. ¿Cuáles fueron los daños que estas grietas causaron?

Respuesta: La destrucción de casas, deterioro de las tierras de cultivo y pérdida de parte de los sembrados.

5. Se aumentó el agua del río, la de los aguajes y se descubrieron algunos nuevos?

Respuesta: En el momento del temblor se notó el crecimiento del rio, aunado Por las corrientes del agua que brotó de las alturas y partes bajas las cuales ingresaron a el: No se pudo descubrir de dónde partieron las principales corrientes e inferí que brotaron en el mismo río por señales que en todo él observé: Las corrientes fueron iguales a las que se observaron en julio y agosto y continúan bastante abundantes el día anterior al suceso, estos vecinos el agua suficiente para regar sus sembrados; esto me consta de vista por haber estado en estos pueblos tres días antes del Terrible acontecimiento.

También aumentó el agua en aguajes y se descubrieron otros manantiales de consideración, los más notables en el álamo, la gloria, San Ignacio y el Mezquite al noroeste de Bavispe y en los Taraicitos y Bamochi y al suroeste de Bacerac algunos más se descubrieron de menor consideración.

También sucedió que se secaron algunos de los manantiales antes abundantes: en los nuevos descubrimientos brotó el agua en todos de altura de consideración y su abundancia hace correr algunos arroyos.

6. ¿Murieron habitantes?

Respuesta: La noticia número 1 demuestra esta fatal respuesta.

7. ¿A cuánto montan estas pérdidas?

Respuesta: La noticia número 2 demuestra que las pérdidas sufridas en los pueblos de Bacerac, Bavispe y comprensiones ascienden a $ 218,000.00

8. ¿Qué cosas Se nota en esa tierra después del temblor?

Respuesta: Primero, que la tierra ha quedado humedad; esto

último con especialidad en las partes que aún se desprenden grandes peñascos de las alturas y que en partes bajas se hunden algunos - ilegible- y se trastornan otros.

Segundo, que se repiten los estruendos con frecuencia y con duración de 9 a 12 segundos notándose aún ciertos ruidos subterráneos y detonaciones de la Sierra de la madera al oeste de Bavispe a cuatro leguas; Observa se lo mismo en bacerac, Huachinera, la estancia, la Galera y San Miguelito.

Tercero, que los estruendos considerablemente mayores al Oeste y suroeste y a sus rumbos contrarios los cuales no son de consideración comparadamente.

Cuarto, que en el mismo momento del suceso se incendiaron los cerros, quemándose sus pastos y Maderas casi en su totalidad.

 quinto, q que así en las partes bajas como en las altas de los lugares reconocidos, ha renacido el pasto como en la época de las lluvias.

Sexto, Se nota un cambio de temperatura tan extraordinario que no puedo con precisión describirla: describirla y hay con se ven los puertos de mar; repentinamente calor y frío en extremo y casi de continuo tempestades fuertes de suroeste a noroeste, algunas veces con nubes, tu y gotas de agua.

Séptimo, que las principales aperturas de la tierra son de noroeste a sur oeste y viceversa.

Me juzgó incapaz de describir fielmente la difícil situación de estos pueblos y con especialidad de Bavispe, el cual perdió cuánto tenía a excepción de sus pocos bienes de campo. en compendio diré que sus habitantes han quedado en la más espantosa miseria , Sufriendo con ésta las intemperies de la estación en jacales de Rama que actualmente tienen en la Loma de Bavispe contiguo al que fue Bavispe.

Lo mismo pasa con los habitantes de las otras poblaciones y de Bacerac. tienen casi perdido sus sembrados, como antes explique y puedo decir que pobres y acomodados están en la miseria.

¡ Pobre frontera ! no sé qué fatalidad la persigue de 60 años a esta parte en cuyo largo período sólo desgracias se registran.

 qué del buen juicio y criterio del superior gobierno del estado apreciar la verdadera situación de estos pueblos y estimar la importancia de las necesidades en que han quedado estos habitantes.

A grandes rasgos trazaré el Patriotismo e ideas humanitarias que se han ejercitado en favor de estos pobres habitantes. El Sr. Luis E. Torres gobernador de este estado con la actividad que lo caracteriza, envío, tan luego como estuvo en su conocimiento la noticia de lo sucedido, $1000 en provisiones fueron distribuidos en este pueblo, sucediendo lo mismo con los recursos que se reunieron por el prefecto de este Distrito señor Ramón Aragón.

Tengo que hacer toda la justicia a que es acreedor el digno jefe político del cantón Galeana Chihuahua el Señor Luis Rico quién con una filantropía sin igual y tan pronto como recibió noticia del fatal acontecimiento envío en 39 horas después del suceso las provisiones necesarias a este pueblo de Bavispe que había perdido las pocas que tenía bajo los escombros de las casas.

No olvidaré tampoco los importantes oficios del presbítero Don Jesús monje que con un valor poco común alivio el espíritu intranquilo de estos vecinos en los momentos más aciagos, informándoles y ayudando en persona a sacar de los escombros vivos y muertos que allí había.

Loma de Bavispe, mayo 29 de 1887

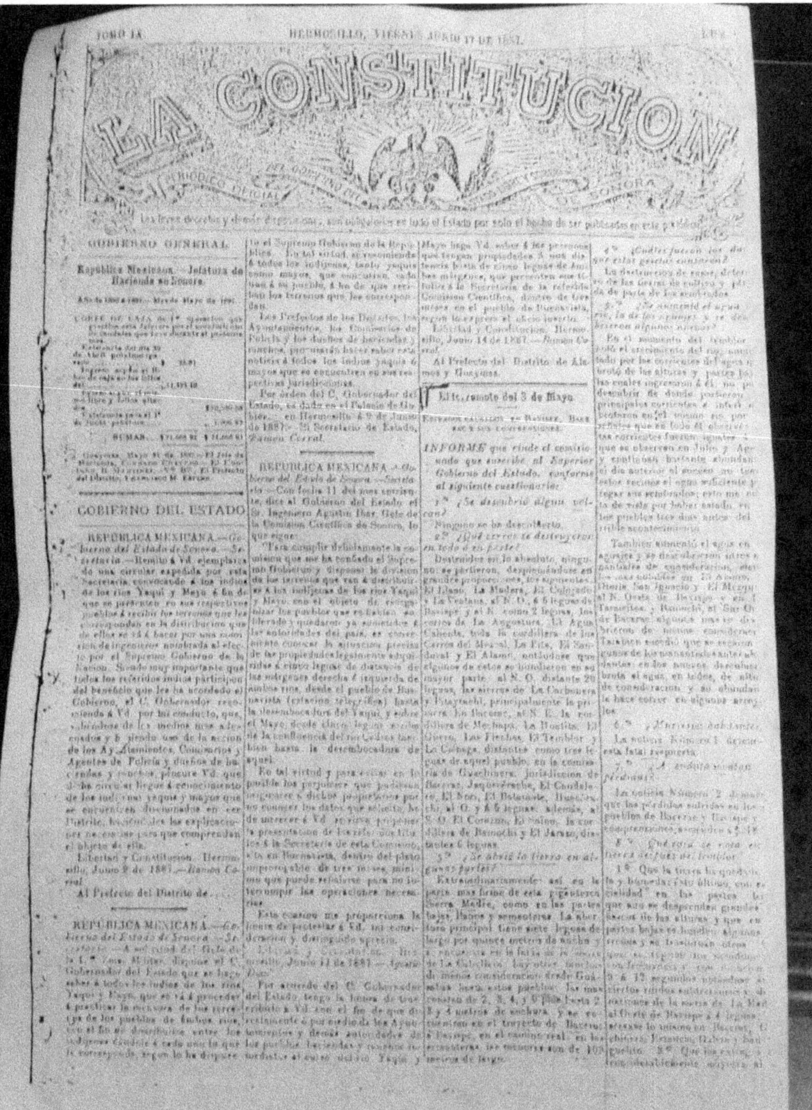

Publicación del Temblor del 3 de Mayo de 1887
Fecha de publicación: 17 de Junio de 1887
Cortesía de Lorena Montaño Samaniego

LOS FALLECIDOS. Las personas que perecieron esa fatídica tarde del 3 de Mayo de 1887 fueron:

Josefa Martínez Samaniego de 18 años hija de M. Martínez y Ana Samaniego

Mariana Lamadrid de 27 años Hija de Rafael Lamadrid y C. -ilegible-

Isabel baltierrez de 10 años hija de P. Baltierrez y C. Baltierrez

María Gómez de 10 años hija de Ascensión Gómez y librada B.

Simona Colosio de 17 años hija de Lázaro Colosio y Matilde -ilegible-

María de Jesús Samaniego de 6 años Hija adoptiva de Ana Samaniego de Matus

Rosa Martínez de 10 años Hija adoptiva de Ana Samaniego de Matus

Eduviges Samaniego De 10 años hija adoptiva de Eufemia Samaniego

Francisca Enríquez de 9 años Hija de José Enríquez y Trinidad - ilegible-

Trinidad zorrilla de 7 años Hija nat. de Telesfora Zorrilla.

Soledad Quidera de 1 año Hija de J m Quidera y Aristea Ortiz

Josefa Villaescusa Samaniego De 0 años hija de J Villaescusa y j Samaniego

Francisca Samaniego de Samaniego de 27 años hija de Josefa Samaniego de Samaniego

Rosa Samaniego de Villaescusa de 40 años Hija de Eusebio Samaniego y Josefa M

Concepción Lamadrid de Samaniego de 40 años Hija de Rafael Lamadrid y C Téllez

Reyes Machiche de 40 años Hija de Manuel Machiche y dionisia G

Felipa Bácame de 87 años De padres desconocidos

Eufemia Samaniego de Ochoa de 82 años Hija de Miguel Samaniego y rosa Romo

Rita Samaniego de Moreno de 81 años hija de Miguel Samaniego y rosa Romo

Pilar de Parra De 71 años de padres desconocidos

Genoveva de Samaniego de

51 años de padres desconocidos

Pilar de Parra de 71 años De padres desconocidos

Isabel Torres De 4 años hija de Juan J Torres e Isabel Torres

Petra Mauche o Machiche de 4 años hija de Melquiades Mauche o Machiche y F.- ilegible-

Reinaldo Samaniego de 30 años Hijo de Miguel Samaniego y rosa Romo

Miguel Samaniego Grijalva de 70 años hijo de J. M. Samaniego y C. Grijalva

José m Ortega de 21 años hijo de Francisco Ortega y soledad aros

Martín Parra Enríquez de 5 años hijo de M. Parra y Josefa Enríquez

Miguel Cortés Serrano de 6 años hijo de Francisco Cortés y Matilde Serrano

Juan Enríquez de 4 años hijo de Manuel Enríquez y E Medina

José Enríquez de 2 años hijo de José Enríquez y Trinidad Ramos

Francisco Galaz de 6 años hijo de José Gala y benedicta Pedregó

Miguel Galaz de 8 años Hijo de Atilano Galaz y octaviana Ortiz

Trinidad Serrano de 6 años hijo de Plácido Serrano y Carmen Miranda

Antonio Burquez de 7 años hijo de Felicitas Burquez

Eulalio Serrano de 8 años hijo de Eulalio serrano y amada Ortiz

Juan Samaniego de 8 años hijo de José Samaniego y E. Samaniego

Jesús Bácame de un año hijo Natural de Felipa Bácame

Mariano Samaniego de un año Hijo adoptivo de Jesús Samaniego

José m Burquez de 2 años hijo Natural de María Burquez

Serapio Vargas de un año hijo de Cirilo Vargas y canuta Pedregó

Procopio Yaques de un año hijo de José Yaques y Julia Cortez

En total murieron 10 niños, 9 niñas, 7 señoritas y 10 para un total de 42 fallecidos en Bavispe Sonora, además quedaron golpeadas en sus propias casas 29 personas entre ellas 15 graves y el resto con contusiones leves.

Para firmar esta noticia tengo a la vista datos proporcionados por el señor presidente municipal de este pueblo.

Loma de Bavispe, Mayo 18 de 1887

El comisionado Liborio Vázquez

El juez civil de Bavispe Mariano Villaescusa

El presidente municipal de Bavispe J. C. Montaño

PÉRDIDAS MATERIALES EN LA REGIÓN. El Periódico "La Constitución" de Hermosillo Sonora informaba ese 17 de Junio de 1887 Sobre la destrucción de muchos inmuebles y enseres destruidos, así como fincas rústicas y cosechas dañadas en las poblaciones de Bavispe y sus "comprensiones", palabra que se refería a poblaciones como San Miguelito, Bacerac y Huachinera.

A continuación la lista de las personas que reportaron dichas pérdidas:

Loreto M. de Tarazón perdió una finca con 9 cuartos y reportó pérdidas económicas por aproximadamente $ 1200.00

Romualdo Dávila perdió una finca con 9 cuartos y reportó pérdidas económicas por aproximadamente $ 1700.00

Ana S. de Martínez perdió una finca con 5 cuartos y reportó pérdidas económicas por aproximadamente $ 700.00

Miguel Arvizu perdió una finca con 4 cuartos y reportó pérdidas económicas por aproximadamente $ 670.00

Clara Villaescusa de

Samaniego perdió una finca con 800 perdió una finca con en 812 cuartos y reportó pérdidas económicas por aproximadamente $ 3000.00

Mariano Villaescusa perdió una finca con 7 cuartos y reportó pérdidas económicas por aproximadamente $ 1500.00

Miguel Samaniego perdió una finca con once cuartos y reportó pérdidas económicas por aproximadamente $ 1500.00

Roque Villaescusa perdió una finca con 6 cuartos y reportó pérdidas económicas por aproximadamente $ 1800.00

Y la lista sigue con muchas otras personas que resultaron afectadas en sus bienes materiales, todas ellas de San Miguelito, Bavispe, Bacerac y Huachinera, entre ellas:

Mariana Villaescusa
Abel Samaniego
Bernardo Samaniego
Refugio Villaescusa De Samaniego
Juan J Samaniego
Gabriela S. De Rodríguez
Jesús Escalante
María García
Josefa Valencia
José M Baltierrez
Reynaldo Samaniego Y Romo
Juan Escandón
Luciana Miranda
Manuela Quidera
Cristóbal Moreno
Cipriano Román
Josefa G. De Maldonado
Severo Baltierrez

Jesús Samaniego
Jesús Burquez
Plácido Serrano
Carmen Quijada
Atilano Galaz
Rosa R De Sgo.
Josefa Mueblero
Ignacio Mota
Apolonio Arvizu
José Juan Serrano
Ignacio Samaniego
José M Quidera
C. Cortez
Manuel Rivera
Plácido Arista
Bernardino Quijada
Joaquín Durán
Jacinto Yaquis
Benedicta Pedregó
Teófilo Alvidrez
Josefa Villa
Bonifacio Miranda
Carmen Lugo
Ignacia Montaña
Juan Montaño Guzmán
Samaniego
Susano Santa Cruz
Hilarión Gómez
Rafael Beltrán
Mariano Valencia
María De La J Zorrilla
Manuel Pedregó
Lorenza Villa
Atanasio Silva

Ponciano Pedregó
Miguel Burquez
Amada Ortiz
Pablo Lugo
Tiburcio Lugo
José M Lugo
Antonio Lugo
Eleuterio Monte
Francisco Olivares
Donaciano Parra
Bernardo Rentería
Manuel Pedregó
Cirilo Vargas
Ascensión Gómez
Juan Mendoza
Juana Mazón
Manuel Márquez
José S. Romo
Joaquín Samaniego
Julián Bácame
E Peralta
Romualda Quidera
Mariano Tarazón
Romualdo Vaca
Bruno Miranda
Severiano Valencia
José Meza
Juan J Torres
Leandro Zorrilla
Benigno Reyes
Ignacia Samaniego
José Flores
Paula Medina
Rafael Samaniego
Manuel Enríquez

Manuel Rodríguez
María Beltrán
Antonio León,
Matilda
Bustamante
Albina De Gil
María Salas
Justa Pedregó
Ángel Machiche
María Tamayo
Mónica Cuevas

Miguel Babuche
Francisco Méndez
Joaquín Cortez
María Acuña
Ventura Laborín
Esquipulas Arvizu
Martina Galáz
Gregorio Valencia
Fausto Grajeda
José Cruz
Guadalupe Cruz

Benita Moreno
Luis Quidera
María Güisoqui
Octaviano Serrano
Ana María Cuevas
Antonio
Samaniego
Rafael Lamadrid
Jesús A Soto

MAS MUERTES Y DESTRUCCIÓN. En otras poblaciones vecinas como Óputo (hoy Villa Hidalgo), Bacadehuachi, Huásabas, Granados y Nácori Chico se reportaban pérdidas .

Casas que resultaron destruidas y dañadas:

Óputo; 130 casas en ruinas y 11 con daños mayores.
Guásabas; (así se escribía en 1887) 93 casas en ruinas y 75 con daños mayores.
Granados; 17 casas en ruinas y 64 con daños mayores.
Bacadehuachi; 7 casas en ruinas y 16 con daños mayores.
Nácori (así se escribía en 1887 sin "Chico"); 33 casas en ruinas y 12 con daños mayores.
Trujillo

Personas fallecidas o heridas en Óputo:

La siguiente lista es de 9 personas que fallecieron y 6 que resultaron heridas en Óputo según la publicación del 17 de Junio de 1887 en el periódico *LA CONSTITUCIÓN* de Hermosillo Sonora:

Juana Guerra de Fimbres, casada de 35 años (Falleció).

María de Jesús Trujillo de Durán, casada de 38 años (Falleció).

María Trujillo, soltera de 25 años (Falleció).

Felicitas Durazo, soltera de 11 años (Falleció).

Beatriz Guerrero, casada de 40 años (Falleció).

Guadalupe García, niña de 7 años (Falleció).

Francisco Ramírez, joven de 21 años (Falleció).

José granillo, niño de 3 años (Falleció).

María Moreno, niña de 5 años (Falleció).

Santos Palomino, casada de 50 años (Se reportó herida).

Concepción Palomino, niña de 5 años (Se reportó herida).

Carmen Barceló, casada de 40 años (Se reportó

herida).

Bernardo Tacho, niño de
10 años (Se reportó
herido).

Ignacio Nacho, niño de 3
años (Se reportó herido).

Timoteo Fimbres, niño de
2 años (Se reportó herido).

DON IGNACIO SOTO MARTÍNEZ

Nació en Bavispe en Mayo 12 de 1890. Cursó la primaria en Moctezuma y comenzó a trabajar como empleado de banco

en esta misma localidad. En 1912 se estableció en Douglas y trabajó en el First National Bank, donde logró ascender al puesto de pagador, máxima posición para un extranjero. Luego regresó a México y fue administrador de las aduanas en Agua Prieta, Naco y Nogales.

Con la década de 1920 y los sonorenses en el poder, llegaron los éxitos empresariales de Ignacio Soto, ya que supo aprovechar las oportunidades que se le presentaron. Fundó la Compañía Hulera "El Popo", fue accionista en la creación de la Plaza de Toros México, fundador de la Empresa de Servicios Públicos de Agua Prieta, la fábrica de cemento Portland Nacional en Hermosillo, el Banco de Nogales y la Compañía de Servicios Públicos de la misma ciudad, la Fábrica de Cementos del

Pacífico en Mazatlán, la empresa Carbones Sonora, entre otras. Además perteneció a diversas asociaciones: fue presidente del Club Rotario de Sonora en Nogales y en Hermosillo, presidente de la Cámara de Comercio de Hermosillo, de la Cámara de la Industria de Transformación en Sonora y del Patronato de la Universidad de Sonora.

La década de 1930 trajo una convulsión en la política nacional, pues el presidente Lázaro Cárdenas expulsó de México a Plutarco Elías Calles. Este rompimiento ocasionó la renuncia y/o despido del gobierno de todos aquellos considerados callistas. Hasta entonces, Soto Martínez era un hombre cercano a Calles, de quien incluso era socio en algunas empresas. Pero para evitar que lo dejaran fuera del grupo en el poder, Ignacio Soto apoyó la candidatura al gobierno estatal del general Román Yocupicio (hombre identificado como opositor a los callistas). Yocupicio llegó al poder y con esto Ignacio Soto pudo mantener su privilegiada influencia en el gobierno.

Ignacio Soto hizo fuertes lazos empresariales y amistosos con el Gral. Abelardo L. Rodríguez, quien lo apoyó para que fuera el primer candidato del PRI al gobierno sonorense. Las elecciones fueron en 1949 y sus rivales fueron Jacinto López Moreno por el Partido Popular y Armando Velderrain Almada como independiente.

Se hizo cargo del Poder Ejecutivo el 1 de Septiembre de 1949, para ejercerlo hasta el 30 de Agosto de 1955. Se destacó su administración por la construcción de carreteras pavimentadas; nunca antes en Sonora se había invertido tanto en la apertura de caminos. También invirtió grandes recursos en la Educación Pública. Antes de hacerse cargo del Gobierno de Sonora fue tesorero de la Cámara Federal de Diputados; pero su mayor vocación fue la creación de empresas comerciales.

Al terminar su periodo dejó el poder en manos de Álvaro Obregón Tapia, empresario del sector agrícola. Ignacio Soto regresó a sus labores empresariales, siguiendo con las cementeras como su principal negocio. Murió el 28 de julio de 1962 en la ciudad de Los Ángeles, California.

PRIMEROS MORMONES EN BAVISPE

Catorce carretones y más de cien personas entraron a Sonora por el Paso del Púlpito. En el pesado viaje, las carretas tuvieron que subir más de 6 000 pies sobre una vereda por donde no habían circulado vehículos anteriormente.

Tuvieron que ir componiendo el camino quitando rocas y árboles, y excavando para despejarlo. Las carretas fueron jaladas en las empinadas cuestas con cuerdas y poleas, y el descenso fue facilitado arrastrando troncos de árboles. El 15 de marzo de 1892, el grupo salió del Cañón del Púlpito y entró al valle del Río Bavispe.

En busca de la "tierra prometida" se dirigieron hacia el sur, rumbo a México. El norte de nuestro país ofrecía condiciones favorables para su propósito, ya que era una región escasamente poblada, con enormes llanuras semidesérticas y cobijadas por los caprichosos pliegues de la Sierra Madre Occidental.

Aunque la zona no poseía abundantes recursos forestales, sí brindaba refugio y las condiciones mínimas para emprender una nueva vida, especialmente en las márgenes de los ríos. Con creatividad, esfuerzo y espíritu aventurero, pronto podrían construirse uno o varios asentamientos, alentados por su inquebrantable fe.

Las avanzadas de exploradores mormones seleccionaron el noroeste de Chihuahua y acamparon en las cercanías de Ascensión. El primer asentamiento que crearon fue Colonia Díaz en 1885; siguió Colonia Juárez ese mismo año; Pacheco en 1887; Dublán, 1888; y García y Chuhuichupa en 1894.

Atravesando los llanos de Carretas, penetraron al noreste de Sonora, donde fundaron Colonia Oaxaca en 1892. En enero de 1900, y tras cuantiosas pérdidas económicas por la inundación de Colonia Oaxaca, el área que hoy ocupa Colonia Morelos recibía la primera partida de colonos mormones para la fundación de un nuevo asentamiento.

Después de Colonia Morelos se intentó fundar San José, en 1909. Se planeó construir esta nueva colonia sobre las márgenes del Río Batepito, a quince kilómetros al noreste de Morelos. El proyecto comenzó a desarrollarse muy en serio y varios colonos, encabezados por la familia Langford, alistaron sus bestias y cabalgaron río arriba para concretar la nueva idea. Ésta no tuvo tiempo de consolidarse, ya que fue abruptamente interrumpida por el movimiento revolucionario de 1910. Como consecuencia, algunas fuentes no la mencionan y sus vestigios físicos casi han desaparecido.

Fuente: Thomas Cottam Romney, The mormon colonies in Mexico (Salt Lake City: The Deseret Book Company, 1938), 116. Citado en Barney T. Burns y Thomas H. Naylor, "Colonia Morelos: a short history of a Mormon colony in Sonora, Mexico", The Smoke Signal 27, (Primavera de 1973): 142-180, 144.

SOBREVIVIENTES DEL TEMBLOR

La imagen siguiente retrata la realidad vivida a finales del siglo Diecinueve y principios del siglo Veinte donde puede apreciarse una boda y al fondo una carpa donde fue la misa y probablemente el banquete.

No había iglesia y a 10 o 15 años de distancia del temblor, es muy probable que las condiciones de vivienda fueran precarias todavía.

Esta boda fue la de Don José A. Zozaya Rey y Joaquina Samaniego a finales de 1800. Puede verse a parado a la izquierda el Dr. Hone junto con su esposa Amelia Samaniego Romo y en su regazo su hijo Jorge de tres años de edad. Enseguida también parados Miguel quien a la postre sería el General Miguel S. Samaniego y junto con el el niño Manuel J. Samaniego. Abajo sentadas a la izquierda pueden apreciarse las niñas Clara Samaniego (madre de Esthela de

Montaño, Martha de Tarazón, Aurelia de Duarte y Ema de Duarte) y enseguida Eufemia (esposa de Don Jesús Tarazón). En medio Mariana Samaniego, el niño Reynaldo Samaniego y la niña Rosa Samaniego.

La fe no mermó. Aquí podemos ver como se veneraba a San Miguel Arcángel en los años posteriores al terremoto. La estatua es la misma que se encuentra en la iglesia nueva. Al fondo la sierra de La Venadita.

Seis niños. Esta foto debe ser de los años veinte o treinta y puede apreciarse a seis niños sobre los escombros que dejó el temblor.

PIRIZANGO

Poco o casi nada se sabe de éste personaje sin embargo la versión que existe es la siguiente:

Según relato del Sr. Isidro Cruz cuenta que en el terreno de su propiedad existía una montón de piedra el cual se sabía que pertenecía a una tumba de una persona que había sido asesinada cerca de allí en el lugar conocido como "Las Bateas" pegado a Teramochi.

El nombre de ésta persona era Lorenzo V. Pirizango originario al parecer de Bacerac el cual fue emboscado y asesinado en tiempos de la revolución, por allá en 1910 por personas que le temían.

A decir del Sr. Isidro Cruz se le atribuyen ciertos poderes milagrosos ya que a la tumba asisten personas de las cercanías a rezarle y dejarle coronas y flores.

Por tal motivo entre 1980 y 1981 se le construyó una pequeña tumba tal y como se puede apreciar en la foto. Esta persona se cree que esté sepultada a poca profundidad ya que al momento de construir la tumba se encontró un pie con su zapato de baqueta a poca profundidad.

La tumba se encuentra entre La Galerita y Bacerac y puede observarse desde el camino en el lado oriente en una tierra labrada propiedad de Don Isidro Cruz..

MAS APACHES EN LA REGIÓN DE BAVISPE

En la década de 1920 hubo varias incursiones cometidas por una banda de broncos conducida por un hombre rubio que lucía una copiosa barba que le llegaba hasta la cintura.

En 1924 una partida de apaches cruzó la frontera y, entrando en el sudoeste de Nuevo México, mataron a un vaquero llamado Fisher. A continuación robaron en un rancho. Perseguidos por vaqueros los atacantes regresaron a México donde unos días después los hermanos Hunt, dos vaqueros estadounidenses que trabajaban en Sonora, tuvieron que buscar un escondite para evitar una partida de media docena de apaches.

Desde su escondite, los Hunt observaban el paso de los indios cuyo jefe resultó ser un hombre blanco que llevaba una larga barba rubia que le llegaba hasta la cintura. Se decía que era nada menos que Charles McComas que por aquel entonces tendría unos 50 años y a quien en marzo de 1883 se creía que había sido raptado por apaches chiricahuas en el trayecto de Silver City hasta Pyramid City muriendo su padre el Juez H.C. McComas y su madre Juanita alquiló un vagón para llevar a su esposa Juanita. Charlie tenía seis años en ese entonces.

Debido a la presencia de los apaches, la región de Bavispe y Nácori Chico se consideraba una tierra de nadie. Durante la década de 1920 hubo otra banda apache que tenía por jefe a un hombre conocido por el apodo de «Indio Juan». Delante de los aterrorizados aldeanos y campesinos mexicanos que lograban sobrevivir a su rapiña, se jactaba de que les dejaba con vida para que le preparasen un botín para la temporada siguiente.

Se le conocía como un individuo muy sanguinario, con una personalidad rayana en la paranoia. Cometió numerosos saqueos contra los ranchos y granjas de los mexicanos e incluso contra el pueblo de Nácori Chico (Sonora). Durante un período de varias semanas, asesinó a una familia entera, una maestra de escuela de Casas Grandes y a un trampero, y raptó a un niño en Sonora (Meed 1993: 59).

En represalia, un ganadero llamado Francisco Fimbres, acompañado únicamente por dos de sus vaqueros, siguió las huellas de los apaches y logró sorprender su campamento, recuperar algo del ganado robado y apresar a una niña. Esta resultó ser nada menos que una bisnieta de Gerónimo y al igual que otros muchos niños apaches fue adoptada por la familia de su captor que le dio el nombre de Lupe. Integrada plenamente en la cultura de sus captores se consideraba a sí misma como una mexicana.

Pero los apaches no lo aceptaban y unos años después se vengaron. En octubre de 1927, una partida de apaches cayó sobre el rancho de Fimbres, degollaron a su esposa y se llevaron a Gerardo, el hijo pequeño del matrimonio.

Aunque algunas personas creían que el jefe de esta banda era el indio Juan, otros decían que era Charles McComas. Lupe corroboró esta versión diciendo que siendo niña recordaba que a menudo un hombre barbudo blanco visitaba su campamento. Sin embargo, si se acepta esa versión, de alguna manera Gerardo pasó al grupo del sanguinario «Indio Juan» porque como se verá, allí es donde Fimbres dio con él.

A partir del luctuoso suceso Fimbres, se dedicó durante años a buscar a su hijo, organizando varias expediciones en busca del pequeño. Incluso llegó en 1930 a organizar un ejército personal compuesto por pistoleros estadounidenses para cazar a los culpables. Consiguió el apoyo de numerosos hombres de negocios del pueblo de Douglas (Arizona), cuya influencia contribuyó a una extensa campaña publicitaria a lo largo de los Estados Unidos. Reuniéndose en el sur de Arizona, se presentó como la última cacería de apaches en la que los participantes, además de poder cobrar piezas humanas, podrían penetrar en una de las zonas más agrestes y desconocidas de México. Se reclutaron más de mil hombres que tuvieron hasta su propio avión para espiar campamentos apaches, pero el gobierno mexicano se alarmó ante la posibilidad de tener en su territorio a tantos estadounidenses armados y abortó el proyecto.

Pero Francisco Fimbres no cesó en el empeño de encontrar a su hijo. A principios de marzo de 1931, Francisco, su hermano Cayetano y varios compañeros lograron tender una emboscada a un grupo de apaches y matar a tres hombres, a los que arrancaron el cuero cabelludo. Al regresar a Bavispe, posaron con sus trofeos para un fotógrafo del periódico Arizona Daily Star que publicó el retrato el 13 de marzo. Fue el comienzo de una cacería que acabó con la última resistencia apache. Poco después Fimbres y sus hombres entraron de nuevo en Sierra Madre, atacaron la banda de «Indio Juan» y mataron a éste y a varios de los suyos. Pero los indios en su huida dieron muerte a su cautivo, el niño Heraldo Fimbres, lo cual afectó enormemente a su padre que juró vengarse. Por su parte el gobierno mexicano optó por usar sus propios cazadores de indios. El más destacado de estos era Fimbres que no cesó en su empeño hasta lograr el exterminio de la banda principal de los broncos.

No obstante las incursiones continuaron, como la del 12 de abril de 1930, cuando una partida de apaches mató a tres hombres cerca de Nácori Chico (Sonora). Se decía que su líder era un descendiente de Gerónimo. Pero poco a poco los broncos iban cayendo, víctimas de vaqueros y policías.

En el primer tercio del siglo XX los antropólogos Morris Opler y Grenville Goodwin llevaron a cabo una importante labor de trabajo de campo entre los apaches en Estados Unidos, el primero con las tribus orientales, chiricahuas, mescaleros y apaches-kiowa, mientras su colega se dedicó al estudio de los apaches occidentales de las reservas de Fort Apache y San Carlos. La situación de los broncos sobrevivientes en México atrajo la atención de ambos, sobre todo de Goodwin. En 1934 éste calculó que no quedaban más de 30 apaches libres. Escribiendo a Opler afirmó que estaban «Luchando una batalla perdida en México y sólo es cuestión de tiempo el que sean exterminados».

Goodwin y alguno que otro agente del departamento de asuntos indios americano intentaron establecer contacto con los broncos pero sin éxito. «Puedo decir que sería absolutamente imposible conseguir que un hombre blanco estableciera contacto con esta gente. Son demasiado primitivos...mis propios amigos, los apaches occidentales les profesan mucho miedo y no tienen ningún contacto con ellos».

Según parece Goodwin intentó establecer contacto con ellos pero su prematuro fallecimiento en 1940 puso fin a la tentativa.

En la primavera de 1933 tuvo lugar la última «batalla» de importancia con los apaches en un arroyo situado en Sonora a unos 480 kilómetros al sur de la frontera.

Allí una partida de ganaderos mexicanos mató unas dos docenas de apaches, la mayoría mujeres guerreras pues ya quedaban pocos hombres. Tres bebés sobrevivieron y fueron adoptados por familias mexicanas. A los pocos días, unos vaqueros hallaron a una muchacha apache de unos 12 ó 13 años, medio desnuda y exhausta deambulando por las montañas Tesahuinora.

La llevaron al pueblo de Nuevas Casas Grandes donde los aldeanos la vistieron con unas prendas masculinas, encerrándola a continuación en la cárcel del pueblo por falta de lugar seguro. Se negó a tomar alimento alguno mientras los curiosos acudían a mirarla. A los pocos días expiró.

Fimbres condujo su última expedición contra los apaches en noviembre de 1935. Debido a las fuertes nevadas, un grupo de apaches formado por dos hombres y varias mujeres bajó de su escondrijo en lo alto de Sierra Madre, cayendo en una emboscada tendida por Fimbres y algunos amigos que los mataron a todos.

Fuente: Revista Española de Antropología Americana 2006, vol. 36, 119-128

GRENVILLE GOODWIN Y SU DIARIO

El 2 de Diciembre de 1930 Bavispe es visitado por un antropólogo americano de nombre Grenville Goodwin quien llevó un diario en el cual narraba lo que vivió en ese viaje. Diez años más tarde, en 1940 moriría a los 33 años de edad de forma trágica tres meses antes de que su hijo Neil naciera. Décadas después su hijo Neil Goodwin repite el mismo viaje que su padre hizo por nuestra región y lleva un apunte diario por los mismo lugares donde estuvo Grenville Goodwin. A la postre Neil escribió un libro llamado "The Apache Diaries, a Father-Son Journey" del cual extraigo la siguiente impresión que Grenville Goodwin plasmó en sus apuntes:

Noviembre 30, 1930

"...Hoy Bill mi guía, comenzó a preparar todo para nuestro viaje por el Río Bavispe. La mayor parte de la mañana se nos fue en agarrar nuestros caballos, alistar nuestros víveres y enseres, pero finalmente dejamos Colonia Oaxaca ésta noche..."

Diciembre 1, 1930.

"... Me estuvo platicando Reyes, capataz de rancho de Gabilondo en Colonia Oaxaca, que cuando asaltaron el campamento Apache en la Chita Hueca, encontraron un pequeño espacio donde había sido plantado maíz, melones, y calabazas. También dijo que tenían cestas y cucharas de madera, y que se

encontraron con 3 flechas que tenían puntas de una madera de color rojo oscuro. Como el río estaba crecido tuvimos que tomar el camino rodeando las faldas al pie de la Sierra Chita Hueco y cerca del Rancho de Los Alisos nos encontramos un Señor de edad avanzada que parecía kickapoo y a su esposa en camino a Douglas por el dinero de la pensión. El anciano era alto de estatura, y era fácil ver que no era un indio mexicano. El asentamiento Kickapoo se encuentra a unas seis millas por encima de Bacerac, en la Ribera de Río Bavispe. Nosotros Cruzaron el Río Bavispe cerca de 3 millas por debajo del pueblo de San Miguel, y aquí el agua sólo llegó a la panza de los caballos, pero al mismo tiempo la corriente era muy rápida. San Miguel es un pequeño pueblo de unos 2.000 habitantes que se encuentra en la orilla oeste del Río Bavispe. El espolón sur de la Sierra Chita Hueca, en la que hay algunos yacimientos de plata y plomo, termina atravesando el río y un poco hacia el noreste de aquí. Después de montar a caballo a través de la plaza de San Miguel, donde se aprecia una interesante iglesia antigua, llegamos a la casa de Gómez, donde Bill tenía amigos, y donde nos detuvimos para pasar la noche. Ciertamente fueron buenos amigos con nosotros y la comida que nos dieron ésta noche fue digna de un rey. Esa comida mexicana que nos dieron sin duda estaba muy buena, las tortillas de maíz, frijoles con chile entre otras cosas. La luna estaba llena esa noche y daba suficiente luz para ver alrededor. Cerca había un baile en una de las casas vecinas y la música provenía de un pequeño órgano. Al acercarnos vimos que la habitación era pequeña y el suelo era áspero, pero los bailadores lo hacían muy bien, con un paso rítmico que normalmente se ve también en Nuevo México. Más tarde, vimos a un amigo de Bill, de apellido Enríquez que hablaba muy bien el inglés. Tenía algunas muestras de mineral de oro y de plata que él quería mostrar a Bill para que las analizara. La mayoría de las puertas y persianas en esta ciudad son antiguas al estilo de Nuevo México. Hace varios años la gente de Bavispe y de San Miguel tuvieron una disputa entre ellos, y mucha de la población de San Miguel se refugió en Carretas y en algunos otros lugares de Chihuahua hasta que la disputa se arregló según nos platicaron. A la siguiente mañana una ancianita vecina del pueblo entró y nos dijo que tenía 100 años de edad. Recordaba muchas cosas de tiempo atrás y dijo que la casa donde nos pasamos esa noche tenía como 117 años..."

Diciembre 2, 1930.

"...Habiendo estado en San Miguelito , emprendimos nuestro camino hacia Bavispe, y llegamos allí, después de viajar 3 millas por el río. Este pueblo es como San Miguel, pero algo mayor, se encuentra al sur del río. Hay una gran iglesia vieja aquí que ahora está en ruinas debido al terremoto de 1887, sólo se ve un ala que está utilizando como una capilla. Una puerta se ha puesto para mantener a las vacas y demás animales fuera de la iglesia. Las viejas campanas están colgados en un marco de madera, al lado de la Iglesia. Estas campanas, como los de la iglesia de San Miguel, son viejas. Dos de ellos llevan la fecha 1733, la tercera tiene la inscripción de San Francisco y el año 1733 y la cuarta se puede leer San Gabriel año 1707. La población de Bavispe es de 1500, y es la cabecera del distrito. Continuamos nuestro

viaje hacia Bacerac y nos detuvimos en un molino de molienda aproximadamente 1 milla al sur de la ciudad, a cargo de un Americano llamado Chy, amigo de Bill mi guía. Pudimos observar que gran parte de las personas son pobres y llevan calzado llamado "tejiras o teguas" que se hacen ellos mismos. Estas tienen suelas de cuero crudo como mocasines y la parte superior es como un zapato..."

Fuente: Grenville Goodwin extracto de su libro "The Apache Diaries, a Father-Son Journey"

BAVISPE SIN CABECERA

1930 Bavispe deja de ser municipio y es incorporado al municipio de Bacerac.

1931. El 13 de mayo Bavispe es incorporado a Oputo.

1931. El 4 de diciembre Bavispe fue rehabilitado como municipio.

EL BAVISPE VIEJO

Procesión.

Abajo a la izquierda se ve un grupo de niñas con rumbo al poniente, quizás a llevar alguna ofrenda al cementerio que antiguamente se encontraba en lo que es hoy el Centro de Salud y que actualmente alberga una sola tumba, la del General miguel Samaniego Samaniego.

Bavispe en los 50´s.

A la derecha se aprecia el cerco de la plaza, fabricado de madera y alambre que existía en aquellos años. Después se cambiaría por uno de malla ciclónica con picos y finalmente uno de balastros que es el que actualmente existe.

A la izquierda por fuera de la casa de Don Ernesto Montaño, actualmente de Argelia Morales pueden observarse los autos característicos de aquellos tiempos. Al fondo la tienda de Don Cruz Díaz y que años después enseguida estaría la tienda de don Miguel Ángel Díaz, su hijo llamada "Tienda el No. 11"

Años 30´s.

Todavía no se comenzaba a construir la iglesia nueva y pueden verse las ruinas de la iglesia vieja a la derecha. La casa que actualmente es de Armando Parra contaba con dos piezas y la de Rita Barceló tenía el clásico techo de dos aguas y teja de madera que años después lo cambiarían por lámina.

 Al fondo se ve la plaza y un quiosco pequeño que un mal día de tormenta fue levantado completamente y depositado en la esquina del fondo. El caserío blanco del fondo a la derecha son las casas que anteriormente fueron de Edgardo Tarazón, Jesús Samaniego, Conrado Durazo entre otros.

Vista aérea de la Plaza y su Iglesia.

Corrían los 70´s y en ese entonces no había calles con cemento alrededor de la plaza.

Boda de los años 40´s

En esta foto se aprecia a la izquierda el quiosco viejo en la posición que lo dejó la tormenta que comentaba en la gráfica anterior y el quiosco nuevo para ese entonces que perduró hasta los 70´s. La boda de esta foto es la de José Pedro Montaño y Estela Samaniego quienes tuvieron el honor de inaugurar la iglesia recién construida al casarse un lejano 29 de Diciembre de 1945.

Campeando

Miguel Ángel Díaz Pedregó y Donaciano Parra alistándose para correr. Esta foto podrían ser de finales de los 60´s.

Puerta de la iglesia vieja

Así quedó por muchos años la puerta de la entrada a la iglesia vieja.

Ordeñando.

Antes de ir a la escuela, entre 6 y 8 de la mañana, era común para muchos niños ayudar con algunos quehaceres de la casa y ordeñar era uno de esos. En esta foto se aprecia a Don Joaquinito Montaño enseñándole a sus hijos como hacerlo y cabe aquí ese dicho que reza: "tanto ayuda el que detiene la cola como el que ordeña la vaca" y Ernesto Montaño pone el ejemplo. Atrás Joaquín Ricardo "Pipín" Montaño observa.

Conviviendo entre amigos

No había fiestas que no se vieran amigos con la música y con la cerveza en la mano. En esta gráfica se ve a Mauro Zozaya, Joaquín Zozaya y Erasmo Martínez disfrutando de las fiestas de 1974, todos ellos ya fallecidos.

En las corridas.

Otra foto donde sale Don Chano Parra y junto con él, Héctor Burquez y otra persona a quien apodaban "El Charro". Se les observa marcando un becerro.

Parranda en los Años 30´s.

Y si de parrandear se trataba los Bavispeños de antes no se quedaban atrás. Puro mezcal de La Vinata. En la foto de arriba están 1) Ignacio Samaniego "El Tilili". 2) Don Francisco "Chico" Cortez, 3) Don José De La Cruz Rascón, (Papá De Crocito, Rudolfo, Crisantos y Eva), 4) Don Manuel Rentería (Abuelo De Antonio Burquez), 5) Don José María Montaño, (Suegro De Victorio Ochoa y papá de Beatriz, Miguel, Chalo, Belisario, Rita, Teresa, Madrecita Isela, María y Jesus, 6) Don Blas Díaz (Originario De Torreón Coah. y hermano de Don Cruz Díaz, Papa de Miguel Angel y Abelardo), 7) Don Higinio Olivares (Hno. de Carlos y Papa de Higinio, Ezequiel, Rogerio, Tiburcio, Tia Prieta De Olivas), 8) Tio Reynaldo Samaniego (Papa De Emigdia, Salvador y Efrén), 9) Ruperto Flores (No Alcanza A Salir)

Jóvenes de los 60´s

De Izquierda a derecha: Parados: 1. José Samaniego Moreno (+), 2. Chale Barceló (+), 3. Cruz Díaz Gallegos (+), 4. Edgardo Tarazón Samaniego, 5. Mauro Zozaya Samaniego (+), 6. Eleazar Cruz Ballesteros(+), 7. Luis Samaniego Durán , 8. Padre Armando Ayala (+), 9. Dagoberto Samaniego Duarte (+), 10. Tuti Tarazón Sgo, 11. Miguel Tarazón Sgo "Monono"(+), 12. Nacho Zozaya Durazo (+), 13. Miguel Samaniego Moreno

Abajo: 14. Joaquín Tarazon Samaniego (+), 15. Mario Zozaya Sgo, 16. Octavio Samaniego Moreno (+), 17. Chico Montaño Villarreal, 18. Jesus Montaño Moreno, 19. Miguel Tarazon Samaniego (Cotorro), 20. Joaquín Montaño Durazo (Tacuachi), 21. Jorge Reyes Montaño (+), 22. Arnoldo Samaniego Moreno (+)

El Molino

Este molino cumplió su función hasta los años sesentas y después pasó al olvido. Eran tiempos donde la harina se producía en el pueblo pero la modernidad terminó con estas formas de obtenerla ya que salía más barato traerla de fuera.

La niñez de mediados de los 70´s

Esperando para hacer alguna travesura vemos a Aldo Zozaya, Toño Barceló, Marcelo Zozaya, Amador Zozaya Durazo, Rey Carrizoza, Job Zozaya Barceló, Monchi Samaniego, Cristóbal Zozaya y Manuel Zozaya recargado en el cerco cuidándolos de cerca.

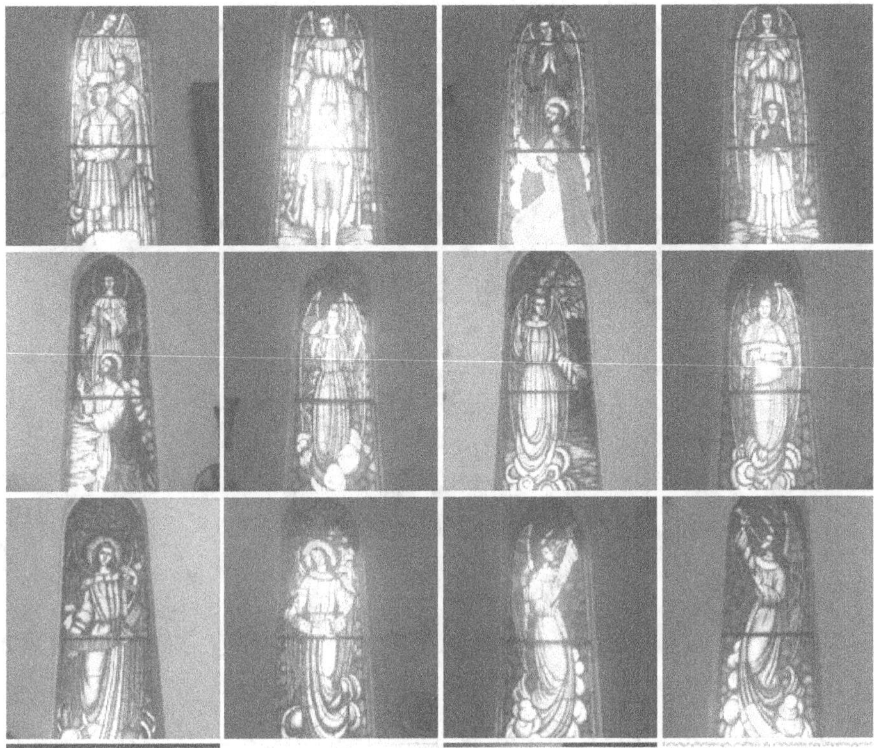

Los Vitrales de la Iglesia.

Estos vitrales fueron donados por feligreses del pueblo en 1963, muchos años después que la iglesia terminar de construirse allá por 1945. Sin la ayuda de los pobladores de Bavispe no hubiera podido llevarse a cabo, ni tener la iglesia tan bonita que tenemos en la actualidad. Al pie de cada vitral vienen los nombres de éstas personas.

Los Moros de 1974.

"...¡Calla Insolente blasfemo! ¡Moro brutal Otomano! ¡Orgulloso sarraceno! ¡Odio mortal del cristiano! ¿Piensas que en ese discurso violento y atolondrado vas hacer vacilar mi fe y debilitar mi brazo?..." ¿Recuerdan esa frase? La decía el Rey Cristiano y el Rey Moro le contestaba: *"...Mucho Cristiano avanzáis y quedo desengañado que es inútil proponerte el honor y el agasajo. Pues has despreciado ofertas generosas de mi mano, mira que puede pesarte haber sido obstinado y que por imprudencia tuya vayas a ser desgraciado. No fíes en la providencia de ese tu Dios decantado, porque no hay más existencia que la del que veneramos los Moros y los Sarracenos quienes también tributamos un culto incluso más reverente que vosotros los cristianos. ¡Ríndeme pues ese escudo! ¡Entregádmelo de grado porque si no morirás de mi espada asesinado!..."*

Esta fue durante muchos años una representación que se hacía el último día de las fiestas patronales de Bavispe Sonora en la cual participaban El Rey Moro (El Profr. Miguel Ángel Samaniego D.) y el Rey Cristiano (Sr. Mauro Zozaya S. y después El Profr. Ramiro Samaniego M.) Mucho antes la representaban Don Ernesto Montaño y Don José Pedro Montaño. Esperemos que próximamente haya dos valientes que la interpreten de igual manera. Los diálogos están aquí.

Derrota del General Moro.

Y al fin triunfaba el Rey Cristiano diciéndole al Rey moro: *¡Ya estás vencido tirano y castigada tu infamia! ¡Si a Dios no te confiesas y de tu secta no te apartas, habré de cortar tu cabeza y en la punta de mi lanza la he de llevar como bandera para triunfo de mi espada!* Y contestaba el Rey

Moro: *Oh, Cristiano Valeroso detén tu sagrada espada y permite arrepentirme porque me has vencido en batalla y también en argumentos! Antes de atravesar mi corazón dame tu perdón y antes de morir deseo recibir a vuestro Señor y asistido de la gracia de su Madre Virgen, confesarme y en su nombre reconocer a su Madre Virgen como mi Soberana.*

El General Cristiano lo perdonaba diciendo: *Por vuestra humildad y sabiéndote arrepentido veo que aceptáis a mi Dios como vuestro Dios y a Nuestra Madre Virgen como vuestra Soberana, así pues ¡Levantaos Moro valeroso y vivamos en paz nobles hermanos...!*

Entonces se incorporaba el rey Moro y abrazados los dos gritarían al mismo tiempo, incluyendo moros y cristianos: *Viva, viva Señor San Miguel... Muera, muera el malvado Lucifer!*

Sentados e la Barra de una cantina.

En esos tiempos las fiestas del pueblo se vivían las veinticuatro horas y era común ver a parroquianos a plena luz del día disfrutando de la amistad de sus amigos. De izquierda a derecha vemos al Calo Durazo, Manuel Reynaldo, Manuel y Joaquín, los tres últimos de apellido Zozaya, atrás está el Pepo Burquez con ellos.

Muchachas de los 70's

A mediados de los setentas y disfrutando de una tarde de verano vemos a Monchy, Alicia y Clara las tres de apellido Montaño, Beby Zozaya y Jesusa Montaño sentadas en los escalones del quiosco de la plaza.

VIVENCIAS DEL DR. SÁNCHEZ OJEDA

Soy uno de tantos médicos que han pasado por Bavispe y me gustaría hablar un poco de nosotros ya que de alguna manera se quedó un pedazo de nosotros en Bavispe y nosotros nos regresamos con algo de Bavispe en el corazón.

Si quieres tengo muchas fotografías de lugares, parrandas y personas en situaciones que ni te imaginas. Yo viví con ustedes allá por el año de 1996. Te mandare copias de unas buenas fotografías donde conviví con gente muy linda como en ese entonces el buen Ernesto Montaño Durazo (Presidente Municipal), el buen Baldo entonces jefe de la policía y único policía de Bavispe y muchas otras personas que ahora me vienen a la mente, que te parece? Me sorprende que una página como www.Bavispe.com me transporte a Bavispe y me haga percibir su olor a leña quemándose, recordar el olor a tortillas de harina y sentir la brisa del río en esas tardes cálidas de verano, el solo hecho de recordar me pone melancólico hablar de esa tierra, siento que la quiero más y la recuerdo más que algunos de sus verdaderos nativos.

Ya pasaron muchos años de mi paso por Bavispe y aun no me olvido de esa tierra, incluso me siento hijo adoptivo de Sonora. Siento tanta nostalgia, ¿qué te puedo decir?

Dr. Felipe J. Sánchez Ojeda.

JULIA, LA NIÑA APACHE.

1932. A finales de julio, Bill Bye, un noruego que vivía solo con sus perros, en la Sierra Tesahuinora, una escabrosa cordillera al este de Bavispe (Sonora), lleva a esa localidad a una niña apache de 9 años que había atrapado en las montañas. (Bill estaba cazando con sus perros, cuando los perdió de vista. Al poco tiempo los oyó ladrando igual que cuando acorralaban alguna presa. Llegó hasta ellos y vio que habían acorralado a una niña que estaba subida en las ramas bajas de un árbol.

Después de atar a los perros, convenció a la niña para que bajara del árbol. Estaba sola y era muy delgada, probablemente se estaba muriendo de hambre, así que decidió llevarla al pueblo y darle el nombre del mes y del lugar en que fue capturada, Julia Tesahuinora. ¿Sería posible que Julia hubiese sobrevivido al ataque en que fueron capturados Rosa, Jerónimo y Julio, y que hubiese podido caminar los 112 kilómetros que separaba los dos lugares en un par de semanas?.

Bill llevó a Julia y se fue con ella a Mesa Blanca [?] porque sabía que allí vivía un apache llamado Jesús Chafino [capturado en la década de 1880 y adoptado por una familia mexicana en la ciudad de Chihuahua]. Jesús y Julia se comunicaron fácilmente en la lengua apache, pero lo que nos ha llegado de esa conversación no fue mucho. Dijo poco acerca de su vida y de las circunstancias en que fue capturada. Mencionó que había otras personas en su grupo, aunque no mencionó cuántas. Contó que, justo antes de ser capturada, al oír que Bill Bye se acercaba, pensó que era uno de los suyos, pero entonces los perros corrieron hacia ella, y se asustó tanto que trepó a un árbol y para entonces, su gente ya habían huido.

Ella comía cebollas silvestres, llevaba un vestido de gamuza y calzaba unos mocasines. Cuando Bill la llevó a Mesa Blanca no comía otra cosa que la médula de unos huesos que quebraba con una piedra. Bill quería adoptarla pero el alcalde le dijo que la ley del estado de Chihuahua lo impedía debiendo llevarla a las autoridades de Casas Grandes [Chihuahua].

Así lo hizo pero allí se la quitaron, por lo que volvió a Mesa Blanca seguro de que no la volvería a ver nunca más. Al no haber otro lugar, los funcionarios de Casas Grandes metieron a Julia en la cárcel mientras buscaban una solución.

Después del terror inicial al ser capturada por Bill, quizá la tranquilizó el poder hablar con el viejo apache, Jesús Chafino, y decirle que Bill se encargaría de cuidarla bien. Pero al verse encerrada pensaría que la habían traicionado.

Dicen que gruñía a la gente, que arañaba y mordía cada vez que podía, y que luego se escondía en una esquina para que nadie pudiera ver su rostro. Ella no quería o no podía comer la comida que le daban, y no vivió lo suficiente para poder abandonar la cárcel de Casas Grandes).

Fuente: Los Diarios Apaches de Neil Goodwin

EL PADRE ANTONIO HOYOS

El Padre Antonio Hoyos Martínez predica por dos años en nuestra comunidad, iniciando su labor en octubre de 1946 y concluyéndola en julio de 1947 organizando a la feligresía y haciendo amigos como Don Jesús Tarazón y su esposa Doña Eufemia Samaniego DÁVILA (hermana del Gral.

Samaniego), así como a Don Ernesto Montaño y a las juveniles Loreto Montaño y Emigdia Samaniego, así como el profesor Millán.

Del libro de Julia Valenzuela López "El último perseguido" extraigo la siguiente historia contada por el mismo Padre Hoyos:

De octubre de 1946 a julio de 1947, tuve un intenso trabajo en la parroquia de La Asunci6n de María en Bacerac., en plena sierra en los límites con Chihuahua, en sustitución del padre Juan C. Barceló. En este pueblo vivía la familia de don Maximiliano Ramírez, que se desvivía en atenciones hacia mí.

Todo era exquisito, excepto la manteca de res con que

acostumbraban cocinar. Severa Enríquez, una bonita y servicial muchacha sobrina de don Maximiliano, hacia el aseo de la casa donde viví y me ayudaba en todo lo referente at templo y el coro. Siempre he pensado que la liturgia no es el único modo de acercamiento a la gente. Después de mi experiencia del cine ambulante en el Rio Sonora, tuve la idea de organizar una fiesta teatral en Bacerac con gran éxito, sobretodo porque entre los personajes y argumentos en escena se choteaba a la gente más conocida del lugar. Ahí forme un numeroso coro y un grupo de acólitos muy jaladores. También varios círculos de muchachos y muchachas, tratando de que se relacionaran para la formación de futuros hogares cristianos. Estando en la parroquia de Bacerac, hubo la oportunidad de visitar varias veces los aserraderos de Chihuahua.

Poblados como Bavispe, Huachinera, San Miguel y algunas otras rancherías las recorría como parte de mi trabajo desde Bacerac.

El caso de Bavispe fue especial: una comunidad católica, alegre y de gran acercamiento. A mi llegada, ya estaba muy bien organizada la Vela Perpetua. Las muchachas participaban muy activas en la organización de bailes en beneficio de todos. Todos mis feligreses eran muy limpios, atentos, cooperadores y amantes de sacar adelante a su pueblo. Entre los amigos que tuve fueron las familias de Don Jesús Tarazón y Don Ernesto Montano. Figuran también en la lista las jóvenes Loreto Montano y Emigdia Samaniego, así como el profesor Millán a quien jamás convencí que no era un difunto lo que vio en el cementerio.

Bacerac y el milagro de Bavispe (1946)

Los hechos sucedieron así: entre Bavispe y San Miguel había un camino de una legua aproximadamente, pero podía tomarse un atajo cruzando el cementerio (Se refiere al cementerio anterior donde hoy está el Centro de Salud). Era tal la costumbre de los pobladores que terminaron por abrir un camino en medio de las tumbas.

Aquel tiempo, el profesor Millón entabló una relación de noviazgo con una muchacha de San Miguel, a quien iba a visitar los fines de semana.

Para facilitar su traslado, no faltó quien le prestara un caballo, pero al llegar a San Miguel el animal se soltó y regresó solito a su hogar, de manera que para el regreso, Millán tuvo que pedir un caballo, el cual le prestaron con la condición de que antes de llegar a Bavispe lo soltara para que éste pudiera regresar a casa. Así lo hizo y justo en el panteón bajó del animal. Al profesor se le antojó descansar un rato recostado en una tumba y fumar un poco, pero no traía lumbre.

Era ya noche y de pronto escuchó pasos; se levantó y detuvo al caminante que iba a caballo para pedirle fuego, pero gran sorpresa para el pobre jinete y corrió creyendo ver un muerto levantarse de su tumba. Millán siguió su camino a Bavispe. Al día siguiente se sintió muy mal de salud y me mandó llamar, asegurando haber visto a un ánima montada a caballo en el panteón local.

Días después tuve la oportunidad de ver a otra persona, asegurando lo mismo: "vi a un muerto levantarse de su tumba y me pidió lumbre". Ahí quedé convencido de la confusión. Quien se levantó de la tumba era Millán vestido de blanco y la supuesta ánima a caballo era otro lugareño.

Aun así nunca los convencí y me acusaba de querer persuadirlos.

Otra anécdota en el lugar fue con el presidente municipal: un hombre era muy rejego. Pero yo estaba acostumbrando a tratar con personas de carácter difícil.

Logré que el alcalde hiciera a un lado su orgullo y el famoso mote de comecuras. La máxima autoridad por fin cedió y cooperó con el pueblo para celebrar el día de Corpus.. y la pasó a todo dar, con procesión por la calle y una serie de altares en distintas casas.

En ese mismo poblado, la asistencia a misa era concurrida. Una ocasión, al término de una homilía, un grupo de mujeres y hombres me esperaron para notificarme que me vieron elevar como dos metros sobre el nivel del suelo mientras rezaba. Para no caer en falsedades, tan explícito como pude intenté persuadirles que nada de eso había ocurrido, pero no los convencí.

Sólo creían en lo que habían visto, según aseguraban. Yo supongo que fue efecto de la luz, que entrando por una ventana llegaba hasta mi reclinatorio y daba la impresión de elevarme.

(Fuente: El último perseguido. Por Julia Valenzuela López)

MEMORIAS DEL DR. POMPA

Los avatares de la política del pueblo no lo favorecieron y no tuvo la oportunidad para poner a prueba sus ideas progresistas en beneficio del municipio, sin embargo en sus escritos ha plasmado amor y añoranza por Bavispe y su Municipio y en ellos deja de manifiesto que de haber llegado, hubiese sido un Presidente Municipal ejemplar.

"Mario:

Desde mi humilde cuna, siendo hijo de maestro (de a de veras) y de una madre beata; ha resultado difícil para los miembros de mi familia faltar a los valores morales que nos inculcaron con el ejemplo. Por eso, para mí fue muy dolorosa la situación en Bavispe al verme

involucrado a una "Pasión Política", en lo que a tu comentario me pides.

El aprendizaje en la Universidad Autónoma De México fue "universal" como en la

preparatoria de la Universidad de Sonora. Con esa apertura universal a nuestras mentes juveniles nos llenó de idealismo intelectual, con una sed de justicia enorme. Luchamos desde 1965 al 69 en que tuve que salir al mundo común con una mochila llena de luchas fracasadas, de incomprensiones intelectuales, con una sensación de injusticia generalizada, pero jamás con mi espíritu de lucha decaída ni menguada, ni temores, sino al contrario, con un espíritu del que sabe y va a poderse incrustar en la sociedad y buscar siempre el cambio y el camino.

Aprendí a conocer al mejicano, a luchar intelectual y físicamente. Para mí nunca ha bastado con ser profesionista siempre hay que procurar ser ciudadano. Esta era y es mi mentalidad desde entonces, que fui sometido a esa prueba, y a donde fui participe, en Álamos con mejor fortuna o quizá con mejor habilidad fui señor de los gobiernos locales, ocupando varios puestos y negándome (si, negándome) a ser presidente, ¿ante quién te imaginas?, Guillermo Ocaña y ante Samuel. Deje como recuerdo con mi capital una escuela preparatoria, que fue mi regalo, hoy un Cobach.

Muy bien espero que con esto te imagines quien era aquel joven que una tarde del 16 de Febrero del 71 llegó a Bavispe. Que después de muchas peripecias incorporó su camino como autoridad, del centro de salud; a las autoridades vigentes, Presidencia Municipal, como es actualmente. En ese trajinar, el mismo medio me fue seleccionando y aislando a donde yo debería de pertenecer al lado de los de "Arriba" que eran los que tenían el poder.

A todos me acerque, como a Joaquinito Montaño, autoridad política de aquellos tiempos, intelectual y hombre mesurado en el hablar y comentar, a Mauro Zozaya, y sobre todo al Profesor Miguel Ángel Samaniego con el cual lleve más comunicación junto con su esposa Lucrecia, hermana del Dr. Arely. Tenía platicas triviales y del pueblo en el barrio de Joaquinito. Con tu papá, Ramón, y Manuel era poca la comunicación pero siempre fue cordial, quizá platicaba más con tu mamá, que derrochaba simpatía y amabilidad. Con Kiko casi nada. Don Jesús Tarazón, arribó el pueblo ya enfermo y me toco asistirlo en su lecho de muerte, como ya platique, por eso no te puedo decir mucho, más que, era un hombre de personalidad fuerte, de poder, inteligente, muy querido en la comunidad, su muerte fue muy llorada.

Conforme pasaba el tiempo el señalamiento era muy notable y no pude entrar en comunicación permanente, ellos tenían sus intereses locales y pasiones muy bien definidas. No supongas que había algún choque o desprecio, no, eran amables conmigo y comprensivos, aunque no fuimos amigos, llevábamos buena relación, y como entonces yo respeto sus acciones y pasiones. Pero no pude permanecer al margen, al creerme después de 3 años de vivir ahí, parte de Bavispe.

Nadie adopta para vivir un lugar si no hay amor, así de claro, me gustaba el pueblo y toda la región, me sentía feliz. Si por mi fuera esto que digo lo haría desde una esquina de cualquier calle o en la plaza, pero no me fue dada la oportunidad. El viejo Edgardo Tarazón me simpatizaba, me llevé bien con el Tuti, y mi amigo, y si amigos Zozaya fueron "Joachi Zozaya" más o menos de mi camada, ahijado de doña Eufemia y de Don Jesús Tarazón, como un hijo. Hostigado por sus parientes por el exceso de alcohol que bebía, era un hombre sano incomprendido, producto de las circunstancias al cual quise mucho. Otro amigote y enemigo político fue el profesor Sigi Samaniego, muy bravo y enemigos en el beisbol.

Pero había otro Zozaya que fue amigo y socio: Don Carlos Zozaya, corpulento hombre, con un abdomen regular propio de aquellos lugares a cierta edad, simpático y afable. Era hermano de doña Emilita, que un buen día me lo presento, en casa. Cultivamos una buena amistad, me gustaba platicar con él, muy mesurado en sus ideas. Era un hombre muy feliz, jamás hablamos de "ciertas cosas" pues no tenía importancia, solo decíamos que era feliz. Fuimos socios en una siembra de algodón, sin papeles de por medio. Me rindió cuentas y ganancias como todo hombre para mi honorable. Dios lo llamó a su seno, amaneció muerto por un infarto en casa de su amada, fue llorado, con intensidad especial como hombre muy querido. Para mí era un hombre bueno, y lloré a mi amoroso amigo.

Como ves Mario, yo fui el vehículo de la discordia, pero no la indisposición, gocé y he gozado del aprecio de todos los que fueron opositores de mi candidatura, de la misma forma es de aquí para allá, lee mis comentarios y te darás cuenta del aprecio por todos. lo mismo hubiera sido con cualquier otro, yo en ningún momento los vi como enemigos personales. Quiero que sepas que he hecho más amigos en la oposición que en mi partido, y tengo muchos. Mi vida sigue siendo de activismo político y de ideales y será hasta que me vaya.

Hay con justa razón quien guarde rencores desde temprana edad, para mi es doloroso, pues mi imprudencia ha dado lugar a esos hechos y rencores. El relatar a ustedes esos sucesos, es claro que son de acuerdo al cristal con que miraba y miro mi vida en Bavispe. Con justa razón dices Mario que no quieres crear controversia, no hay razón para tal, la verdad no se da en absoluto, tienen razón tantos unos como otros, no hay razones absolutas ni verdades. Me puedo equivocar, como todo ser humano, puedo sentir deferente a muchas personas, acepto observaciones y críticas, porque no soy perfecto, solo es que quise en alguna ocasión expresar mi emoción de conocer a Bavispe y su gente.

Dr. Roemer Pompa Córdova..."

Como esta carta, hubo varias que el Dr. Pompa compartió conmigo. Quizás me autorice publicarlas en una próxima edición.

ALFONSO DURAZO MONTAÑO

Alfonso Durazo Montaño nació en Bavispe, Sonora, el 11 de julio de 1954.

Es Licenciado en Derecho por la Universidad Autónoma Metropolitana UAM, generación 1982.

Colaboró de 1973 a 1982, en las Direcciones Generales de Información y en la Dirección General de Radio Televisión y Cinematografía R.T.C. de la Secretaría de Gobernación.

Ocupó el puesto de Subdelegado Político de la Delegación Cuauhtémoc en la Zona Centro en 1985 y de Subdelegado Político en la Zona Centro-Tepito de la misma Delegación (1986-1987); Se desempeñó como Secretario Particular del Secretario de Desarrollo Social del Gobierno Federal (1992-1993) y en el año de 1994 se desempeñó como Secretario General de Desarrollo Social del DDF (1994).

Renunció al Partido Revolucionario Institucional, el día 18 de mayo de 2000. A partir del 17 de julio del 2000 se desempeñó como Secretario Particular del C. Presidente Electo y del 1º de Diciembre del mismo año fue designado

Secretario Particular del C. Presidente de la República; El 1 de agosto del 2003 fue designado adicionalmente como vocero presidencial y coordinador de comunicación social de la Presidencia de la República. Renunció públicamente a todos sus cargos el 5 de julio del 2004.

Fue candidato a Senador de la Coalición de Partidos denominada "Por el Bien de Todos", por el Estado de Sonora en el año de 2006.

Candidato a Diputado Plurinominal por la Primera Circunscripción Electoral para la LXII Legislatura 2012-2015. Julio 2012.

Diputado Electo por Movimiento Ciudadano en el Estado de Sonora por la Primera Circunscripción Electoral para la LXII Legislatura (2012-2015) de la Cámara de Diputados del Congreso de la Unión. Julio 2012.

Diputado Federal por Movimiento Ciudadano en el Estado de Sonora por la Primera Circunscripción Electoral para la LXII Legislatura de la Cámara de Diputados del Congreso de la Unión (2012-2015). Sept. 2012.

Dirigente Estatal del partido Morena. 2016

Senador por Morena. 2018-2024

Propuesto por el Presidente de la República Andrés Manuel López Obrador como Secretario de Seguridad Pública Nacional a partir del 1 de Diciembre de 2018.

EL CORRIDO DE BAVISPE

A mi Pueblo Adorado

Autor: Profr. Miguel Ángel Carrillo V.

En mi canto quiero nombrar a ese famoso río que atraviesa la región / y en sus campos con sus trigales también algodonales son primor tierra de mi ilusión.

Sin caminos pavimentados llegamos a éste pueblo para estar cerca de Dios / Sus montañas, todas las sierras están por las alturas más allá de la imaginación.

Es por eso que estoy contento, vivo mi vida alegre y trabajo con amor, / cultivando, criando ganado, pescando en la rivera y estaré por muchos años más.

Sus mujeres son educadas, los hombres caballeros y se fajan con valor / que se arriesgan en los peligros cuidando de sus bienes y algo más para seguir sus tradición.

En Bavispe se vive alegre y contento en las labores y sus fiestas, a su patrón, / jaripeos, moros, y danzas, carreras de caballo y béisbol en honor a San Miguel.

Y te digo si vas de paso detengas éste viaje y llegues a descansar / en su plaza encuentras sombras y amigos muy sinceros te dirán vamos a merendar.

A la escuela por las mañanas los niños de éste pueblo se encaminan a aprender, / pero ahora la educación también a los adultos les traerá dicha y prosperidad.

Cortesía de: Petrita Reyes de Montaño.

EL CORRIDO DE MACHICHE

El León de la Sierra

Autor: Desconocido

El veintinueve de Marzo que fecha tan memorada / aprehendieron a Machiche lo aprendieron desarmado.

Estando enfermo en su casa sin poderse levantar, / amarrado lo llevaron para su agravio vengar.

De Bavispe lo sacaron sin tocar San Miguel / del miedo que le tenían a varios amigos de él.

Decía Chale Valencia bajando al hoyo su mezcal / amarren bien a Machiche no se les vaya a soltar.

Cuando llegaron al Tigre y al jefe se lo entregaron / cuentan que varios amigos de él de mano lo saludaron.

Otro día por la mañana lo invitaban a almorzar / ¿Y yo pa´que quiero almorzar si mañana me fan a fusilar?

Amigo, amigo camina! de aquí nos iremos juntos / derechito para el panteón a ver al jefe de los difuntos.

Cuando llegaron al campo le formaron la plaza / permítame unos minutos para escribir una carta.

Luego que ya le escribió a sangre fría les dijo: / Ora si mis compañeros cuando quieran estoy listo!

Lo pusieron en un encino y el cuadro le formaron / los desgraciados verdugos por las armas lo pasaron.

Ahora si Chale Valencia podrás dormir donde quieras / entregaste a Tu compadre ¡el mero León de la Sierra!

Ya con ésta me despido cantando una historia triste / "afusilaron" en El Tigre a un hombre de Bavispe.

EL CORRIDO DE LA APREHENSIÓN DE MACHICHE

Huachinera en la tarde

Autor: Desconcoido

El 29 de marzo qué fecha tan memorable, cayeron los federales a Huachinera en la tarde.

Cayeron los federales queriéndolo aprender, preguntando por Machiche que lo querían conocer.

Contestan los de Huachinera si lo quieren conocer, ahorita se acaba de ir en el Nori lo han de ver.

Salieron los federales con toda su Infantería, al puertecito de El Nori a poner su artillería.

Decía Don Juan Madero subiéndose a los picachos, arriba arriba Machiche ya nos pegaron los guachos.

Decía Pablo Machiche a la orilla de la mesa, no se acobarden muchachos denle al pecho y a la cabeza.

Decía Pablo Machiche a la orilla de unos cordones, ya no me echen Baceracas... échenme puros pelones !

Decía el General Samaniego cuando estaba el fuego andando, hay que valiente es Machiche miren como los está tumbando.

En el rancho La cieneguita donde fue el primer ataque, derrotaron a Machiche, le quitaron todo el parque borrar.

Salieron de Huachinera eran como unos ochenta, cuando bajaron del Nori no se acabalaban treinta.

Decir la Güera Arispuro como queriendo llorar, déjenme estos peloncitos yo los voy a sepultar.

El 29 de marzo qué fecha tan memorable, cayeron los federales en Huachinera en la tarde.

Ya con esta me despido divisando pa´ Bavispe, aquí termina el corrido del señor Pablo Machiche

ALCALDES Y EL PROGRESO MUNICIPAL.

En una futura edición recabaré los presidentes municipales antes de 1955.

1955. Donaciano Parra es electo presidente municipal y se desempeña en el cargo por los siguientes tres años.

1957. Comienza la instalación de tubería para el agua potable en el pueblo.

1958. Juan Manuel Durazo Samaniego es electo presidente municipal y se desempeña en el cargo por los siguientes tres años.

1961. Enrique Parra Olivas es electo presidente municipal y se desempeña en el cargo por los siguientes tres años.

1964. Amador Zozaya Samaniego es electo vía plebiscito como presidente municipal y no logra se desempeñar ese al fallecer antes. Lo sustituye Mauro Zozaya y es quien se desempeña en ese trienio como Presidente Municipal.

1967. Joaquín Francisco Montaño Durazo es electo presidente municipal y se desempeña en el cargo por los siguientes tres años.

1970. Miguel Ángel Díaz Pedregó es electo presidente municipal y se desempeña en el cargo por los siguientes tres años.

1972. Comienzan los trabajos para introducir energía eléctrica en Bavispe.

1973. Alfonso Samaniego Valencia en una de las más duras

contiendas electorales es elegido en plebiscito como presidente municipal venciendo al estimado Dr. Roemer Pompa y se desempeña en el cargo por los siguientes tres años.

1976. El Profr. Miguel Ángel Samaniego Duarte es electo presidente municipal y se desempeña en el cargo por los siguientes tres años.

1979. Conrado Durazo Samaniego es electo presidente municipal y se desempeña en el cargo por los siguientes tres años.

1982. Joaquín Ricardo Montaño Durazo es electo presidente municipal y se desempeña en el cargo por los siguientes tres años.

1983. Llega la señal de Televisión a Bavispe... y las telenovelas.

1985. Roberto Amaya García se convierte en el primer presidente municipal que no radica en Bavispe, siendo el famoso Beto Amaya originario de la comisaría de San Miguelito perteneciente al municipio de Bavispe desempeñándose en el cargo por los siguientes tres años.

1988. El Profr. Rafael Carrillo Gurrola de San Miguelito Sonora es electo presidente municipal y se desempeña en el cargo por los siguientes tres años.

1991. Conrado Durazo Montaño el famoso "Calo" es electo presidente municipal y se desempeña en el cargo por los siguientes tres años.

1993. Llega la Telefonía Rural a Bavispe con una caseta en la farmacia de Pina Díaz.

1994. José Ernesto Montaño Durazo es electo presidente municipal y se desempeña en el cargo por los siguientes tres años.

1996. Llega la telefonía doméstica y así todos tuvieron la posibilidad de tener un teléfono en cada casa... y comienzan a acabarse las "recholas" porque ya muchas noticias se comenzaron a platicar por la hebra telefónica.

1997. Cosme Zozaya Moreno es electo presidente municipal y se desempeña en el cargo por los siguientes tres años.

2000. Ramón Ángel Zozaya Moreno hermano de Cosme es electo presidente municipal y se desempeña en el cargo por los siguientes tres años.

2003. Adam Eduardo Langford Kemson es electo y pasa a ser el primer Presidente Municipal originario de La Mora, comunidad mormona y perteneciente al municipio de Bavispe es electo como Presidente Municipal y se desempeña en el cargo por los siguientes tres años.

2006. Cosme Zozaya Moreno es nuevamente alcalde y hace historia en nuestro pueblo y desempeñándose en el cargo por otros tres años más.

2007. Llega la Telefonía Celular a la región y ahora podíamos hablar en las labores e incluso desde los ranchos, solo había que subirse a un cerro para tener señal.

2009. Adam Eduardo Langford Kemson es reelecto como presidente Municipal hasta 2012 siendo el primer presidente municipal emanado del PAN.

2012. Oscar Díaz Montaño inicia su período constitucional

como presidente municipal y se desempeña en el cargo por los siguientes tres años.

2015. Esteban Langford de La Morita es electo presidente Municipal de Bavispe.

2018. Para el momento de escribir éste libro el Profr. Cornelio Vega Vega resulta electo para el período 2018-2021.

NEIL GOODWIN...
TRAS LOS PASOS DE SU PADRE.

En Agosto de 1988 Neil Goodwin hace un tributo a su padre Grenville Goodwin, un historiador que había visitado Bavispe en 1930 y repite el mismo viaje por nuestra región y también al igual que su padre lleva un apunte diario por los mismo lugares donde él y los plasma en un libro llamado "The Apache Diaries, a Father-Son Journey" y platica con Francisco Zozaya quien llevaba la historia de nuestro pueblo tal y como se la habían platicado nuestros abuelos. Aquí algunos apuntes de él.

"... Barney, Nelda y yo hemos hecho algunos nuevos amigos: Francisco

Zozaya y su esposa. Francisco es conocida localmente como un historiador aficionado y la gente dice que deberíamos hablar con él. Él es un narrador nato y ha pasado una reunión de por vida y recordando la historia oral del pueblo.

Debido a que, en 1930, mi padre pudo haber hablado con la gente que nació en 1880, no estoy en absoluto sorprendido de que esté enterado de un prófugo Apache que ayudaba a los mexicanos. Pero es asombroso cuando sesenta años más tarde, escuchamos la misma historia de Francisco Zozaya, incluso con mayor detalle que mi padre lo hizo.

Francisco sabe todo acerca del "Apache Amigo",

quien dijo a los mexicanos cuando el resto de los Chiricahuas estaría pasando por allí rumbo al sur en la Sierra Madre. Este fue un Apache conocido como El Gato Negro, que sirvió como explorador de los militares mexicanos. Se asentó en Bavispe y tuvo descendientes el Gato Negro, apellidado Arista, que aún viven en Bavispe.

Como resultado de este choque, el 27 de abril de 1882, el coronel Lorenzo García de la Sexta infantería mexicana emboscado un grupo grande de apaches "Warm Springs" bajo las órdenes de Jefe Loco que habían huido recientemente de San Carlos. Según un conteo cuidadoso el número de apaches muertos fue de setenta y ocho, la mayoría de ellos mujeres y niños. Al menos treinta y seis fueron capturados y vendidos como servidumbre en Sonora, entre ellos una mujer llamada Maria Samaniego.

Anteriormente Bavispe era un presidio y tenía una casa centinela en la parte superior de la mesa para protegerse de las incursiones de Apache.

También hay unas ruinas en la mesa justo al sur de Bavispe que alcancé a ver por encima. La cerámica encontrada puede decirse que es del tipo Casas Grandes.

Miguel Torazón, es un hombre al que Bill está comprando ganado, dice que no había estadounidenses en la refriega en la que murieron 3 apaches en abril pasado. Había un hombre del lado de Huachinera que trajo cueros de vaca que se los habían quitado a los apaches. También le quitaron un cuero de caballo, un mazo de cartas y una muñeca de 16 pulgadas de alto vestida como un hombre con un cuchillo en el cinturón y un tocado de plumas de algún tipo.

Francisco Zozaya no tenía mucha información sobre el Apache Juan y el ataque de Fimbres en Nácori Chico, pero él es una autoridad en la configuración regional de Bavispe. Sabía que Agustín González, uno de los hombres que había descubierto el campamento Apache en las cuevas de la sierra Chita Hueca en 1929 y fue resultado de escuchar a un anciano platicarle esa historias.

La pasión de Francisco por la historia fue creciendo. Él siente que es fundamental conocer nuestra historia y que él la practica como una forma de arte y al compartir su conocimiento de la historia le satisface. Esto nunca es más claro que cuando dibuja sus mapas e ilustraciones. Crea diagramas de viejas compañías Apaches del siglo XIX y retratos de los

personajes de sus historias. Acompaña los gráficos con escritos elaborados. Él nos estará esperándonos cuando volvamos a vernos meses después. Él me enviará a mí una carta por correo. Es como si entendiera que la barrera del idioma que nos separa podemos superarla con sus elocuentes dibujos.

Los documentos de Francisco contienen material nunca visto en ninguna otra parte:

las ubicaciones de los acampados Apaches, rutas de migración que utilizaron los apaches

dentro y fuera de México, los nombres de apaches que yo tengo siempre conocido por los nombres en los libros de historia de Estados Unidos. Francisco tiene pocos libros en su casa, pero la amplitud de su conocimiento va más allá de éstos. Él está diciendo que la historia oral y el folclore de los eventos no los supera lo que hemos leído.

Hemos platicado profundamente durante una hora más o menos y hemos hablado de mi padre y las personas que él conoció mientras estuvo aquí en este mismo pueblo en 1930. Francisco dice: "Usted sabe que su papá estuvo tal vez en esta misma sala. Ésta era la casa de la madre de Miguel Tarazón. "Abrimos el diario y miramos las fotografías que mi padre tomó del pueblo, tomado de la mesa de arriba. "Ahí está mi casa", dice Francisco. "Ésta era la del Doctor Spencer", y añadió, "A me curó y a la mayoría de los otros niños del pueblo. Él era el único médico del pueblo." Se vuelve otra página y mira a una imagen de un hombre no identificado delante de la iglesia de Bavispe, y dice: "¿De dónde sacaste esa foto? Tengo la misma imagen. Eso es mi papá ". "Mi padre tomó esa foto", le digo. "Si ese es tu padre, a continuación, se conocían, y mi padre lo envió a su padre ". Mi padre casi nunca hacía nada sin alguna razón. Él no sólo tomó esta foto, y envió una copia de ella a Francisco Zozaya Jesús, también estaba en su diario. Jesús conocía a Bill Curtis así; Francisco escuchó a su padre hablar de Bill a menudo, pero nunca había oído a su padre hablar del mío. Los dos estamos intrigados, perplejos, y su interés en mi búsqueda se profundiza.

Buscando entender y comprender a los Apaches de la Sierra Madre, no esperaba encontrar este vínculo tan personal e inesperada.

Fuente: Neil Goodwin. "The Apache Diaries, a Father-Son Journey"

EL INTERNET ... VENTANA AL MUNDO

Nace www.Bavispe.com

En Mayo de 2004 iniciamos con una página web muy sencilla llamada www.Bavispe.com con la finalidad de promover nuestro pueblo, sus raíces, su gente y sus costumbres y escribíamos los siguiente:

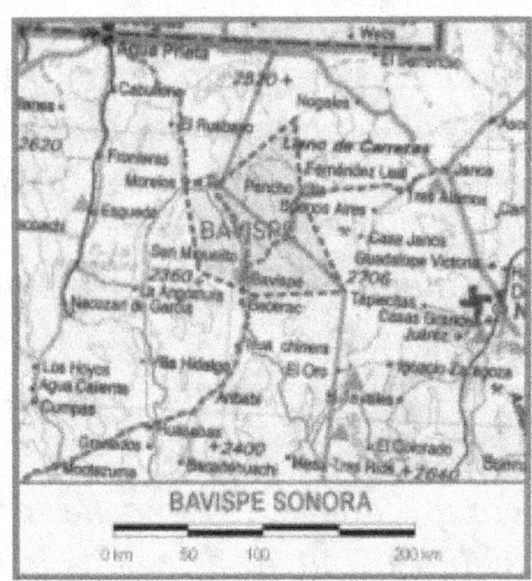

"....Envíanos Tus comentarios a Bavispe@gmail.com. Este espacio es para compartirlo con todos..."

Las primeras personas que se pusieron en contacto nos solicitaron ayuda para Miguel Samaniego "El Güero" y "Chuchito" Santa Cruz:

Después comenzaron a llegar saludos y mensajes de gente que encontró en nuestra página un punto de encuentro con Bavispe.

Comentarios vertidos en www.Bavispe.com

A continuación se muestran algunos de los mensajes que nos mandaron en ese tiempo y se transcriben textualmente, es decir tal y como se recibieron incluyendo puntuaciones y ortografía de origen:

Saludos a toda la gente de Bavispe desde San Diego Calif. Archivaldo Samaniego

---

Hola a todos:

Soy Cesar Ivan Rivera Gomez. Soy nacido en Agua Prieta pero crecí en San Miguelito , me da mucho gusto que hayan hecho esta página de Bavispe y pueblos circunvecinos. También que pongan al as personas fallecidas de nuestros pueblos. Mis condolencias. Esta es una buena oportunidad para saludar a todos mis amigos de mi camada y a la familia Rivera. Hoy radico en Tucson Az. Mi correo electrónico es: tinacesar2000@msn.com para los que me conozcan gracias a todos.

p.d. pongan mas fotos de san Miguelito por favor, y que Dios los bendiga.

Hola mi nombre es Alfonso "Poncho" Peralta. Gracias por subir la foto de alumnos del 4to grado 20 de mayo 1968. Recuerdo que fuimos compañeros de clase desde 1er grado hasta 6to gdo. Por motivos que desconozco mi familia se mudó para Agua Prieta Son. en 1970, semanas antes de la graduación. Aun me puede no haber cumplido la primaria con este gran grupo de compañeros. SALUDOS PARA TODOS: Tuchy, Kaky, Valoly, Jorge, Ana Luz, Siria, Rafael, Ildelfonso, Baldomero, la zurdita, etc. Por mas que trato no me puedo identificar en la foto. Se que estoy ahi. Vivo en Calif USA please get in touch. Nunca olvido a mi pueblo querido. Saludos.

Saludos desde Mexicali B.C

NelyParraO.

Que suave ya me kiero ir. (viendo los videos de Bavispe)

Noemi Valdez

VIVAAAAAAAAAA BAVISPEEEE......!!!!! MUAKK SALUDOSSSS A TODOS LOS DEL PUEBLOOOOO LINDOOO.. SALUDOS......!!!!!!

Thelma Dzo. de Romo

Hola, buenas tardes.

Me dirijo a ustedes porque me gustaría que pusieran fotos nuevas del pueblo de San Miguelito y actualizarán los últimos fallecimientos y no lo tengan tan olvidado. Me puso triste el ver lo descuidado que estaba en la página. Bueno me despido y espero tome en cuenta mi sugerencia de antemano gracias. Azucena   *Martinez*

Espero y les llegue mi mensaje y me lo hagan saber. Pongan más videos del pueblo para por lo menos verlo en videos. Yo estoy en Arizona. Las cosas por acá están muy feas, pero hay que echarle ganas y para delante.

Estoy muy contenta porque mire la casa donde vivía en Bavispe pero esa foto que mire ya es muy vieja cuando alguien vaya a Bavispe si pueden tomar nuevas fotos de cómo está la casa ahora. La casa es de Xochitl_Ochoa y enviármelas por favor se los agradecería mucho.

Siempre me acuerdo de Bavispe quisiera regresar para volver a ver a todos mis amigos pues miro los vídeos y se me hacen bien padres. Salúdenme a mi amiga Denia siempre me acuerdo de ella. No gano nada con agüitarme. Si alguien lee este mensaje y se acuerda de mi escríbanme a mi correo:

lmaochoa

No sean gachos yo siempre me acuerdo del pueblo. Nunca me voy a olvidar de mis raíces. Nunca voy a olvidar a mi pueblo. Ya vi el nuevo video del Pepo, que mentiroso   *verdad?*

AlmaOchoa

Gracias por los videos del pueblo , dios los bendiga por eso.

CuquisDurazo.

Gracias por la información que nos haces llegar de un trozo de la historia de un hijo de Bavispe. (En relación a la información del Gral Machiche). Enhorabuena por la labor que desarrollas al investigar y documentar todo lo relacionado con la tierra de BAVISPE.
Atentamente
ArturoMedinaB

Un saludo a todos los que estan por alla en Salt Lake Utah Saludos a todos los Bavispes hay te miro al rato
Ever   Cruz.
Att. RomanBacame

Hola buenas tardes. Yo estuve en La Galerita de Bavispe. Un pueblo precioso y fantástico. Alli conoci a Neli Tozcano, Karla, Crisanto, todos ellos hermanos. Me gustaria saber de ellos y de mucha gente mas pero por el momento no me acuerdo de sus apellidos me encantaria saber si tienen algun correo de estas personas o algun telefono que me lo hicieran llegar. Muchas gracias.

FlorAngelicaRomeroV.

Saludos.

Mi nombre es Eli Javier Gutiérrez Zozaya, hijo de Graciela Zozaya Guzmán, nieto de Carlos Zozaya y Ana Graciela Guzmán, quienes se fueron a vivir a Ensenada Baja California, regresaron a Bavispe Sonora quisiera saber mas de ellos o me informen mas de ellos.

Hola. Siempre me acuerdo de Bavispe. Quisiera regresar para volver a ver a todos mis amigos, pues miro los vídeos y se me a hacen bien padres!.

Saludenme a mi amiga Denia siempre me acuerdo de ella. Nunca voy a olvidar a mi pueblo. AlmaOchoa

Buenas noches me dió mucho gusto que me contestaran.

Segui buscando información de mi querido pueblo y me dió mucho gusto todo lo que estoy encontrando sobre todo lo del terremoto de 1887. Mi abuelita materna se llamaba EULALIA DÁVILA DURAZO ella nos platicaba de eso, a ella le tocó. También cuando invadieron Bavispe los apaches. El escudo de Bavispe le va a servir a un nietecito para tarea. Que tan importante es mi pueblo! También estuve leyendo comentarios de gente y parientes míos como Antonio Samaniego Durazo es mi primo.

Su papá Antonio Samaniego Moreno y mi papà BENJAMÍN SAMANIEGO ARVIZU eran primos hermanos y mi mamà y mi tia Rosita (mamá de él) eran primas tambièn. Si ven a mi tio Arsenio, a mi tia Reyna, la Rosana y Jesús me los saludan, si quieren poner este comentario no hay problema. A ver si por medio de ustedes me puedo poner en contacto con Tony Samaniego, yo a él no lo conozco ojala pudieramos tener comunicación para saber de ellos.

Se me había pasado comentarle que yo nací en la GALERITA lo cual estoy muy orgullosa, pero vivíamos en BAVISPE, a ver si alguna gente de allá se acuerda de mis papas. Bueno me despido y reciban un fuerte abrazo. Espero pronto poder ir para allá y tener el gusto de saludar a toda la gente de mi tierra. Atentamente. GracielaSamaniegoD.

Saludos a todos mi nombre es Roman Bacame Gonzalez y me da mucho gusto encontrar todo acerca de Bavispe, San Miguelito y la Galerita por que tengo tiempo que no voy por allá pero gracias a este sitio en internet puedo mirar sus calles y recordar como paseaba en mi pueblo cuando niño espero que mis compañeros de escuela se acuerden de mi. Saludos a todos mis compañeros como al Carlos,Elias,el Piti, Elsa, Claudia, Deniss, el Chuy,Eddi.

Hola muy buenas tardes Yo vivi un tiempo corto en San Miguelito Sonora.......me enamore de sus costumbres y estilo de vida........recuerdo mucho a mis compañeros de escuela.........alicia martinez, lulu rocabado, quico enriquez, ricardo y a adrián y eduviges......... estuvimos juntos en 6to de primaria en la josefa ortiz de dominguez.....ciclo escolar 90-91.......soy nieta de jesus rascon dorame y maria jesus gomez d rascon(tuchi).......saludos a tio betito rascon y a tia concha.....los recuerdo con cariño a todos.........publiquen mas cosas de san Miguelito ....

saludos afectuosos......

IreneGarciaRascon

dansivgeo ha realizado un comentario en LOS COCODRILOS DEL PEPO: jajajajjaja que curas.... siii hay anda el cocodrilo jajajja aguas.... vas a espantar los turistas pepooo pueeeeee nombreeeeee fiero fieroo.

Hola
Quisiera que por favor suban estas fotos a la página de Bavispe ya que son mis bisabuelos Teodosia Santa Cruz y Fermin y la otra es mi abuelo Jose Coronado y su nieto Ezequiel. Queda de ustedes JulibethFernadezCoronado.

Saludos que dios los tenga con bien, gracias por los videos, que ricas las empanadas me acorde cuando andaba por esas tierras, que dios quiera me pemitan volver a ver todos los videos estan muy bien, recibe un fuerte abrazo te deseo lo mejor esta navidad y año nuevo en compañia de toda tu familia. Atte SalvadorMorales

Hola, solo para felicitarlos por esta página que ya nos hacia falta para no perder el contacto con nuestro pueblo. Saludos a todos.

MagdalenaGraciaLoera.

Hola! Hace un momento buscando algo de Bavispe me encontre esta página y me dio mucho gusto ver los correos de toda la gente que se ha comunicado desde excompañeros de la primaria hasta nietos de mis contemporáneos. Actualmente vivimos en zacatecas y me encantaria que esta página sea el punto de reunion aunque no sea fisicamente de todos los ausentes de mi pueblo saludos al Tuchi, Heberto, Carmen, Honora y todos los que no tengo el gusto de conocer pero que los identifico por las familias de Bavispe. Les envio un afectuoso saludo y un abrazo a todos. Dr MiguelAngelDiazM.

Hola! Te informo que el próximo presidente municipal de Cananea (2009-2012) es el Sr. Profr. Jesus Reginaldo Moreno Garcia, nacido en Bavispe y miembro de la familia que formaron AntonioMorenoTarazon y HerminiaGarciaRascon. Saludos.   *Martha*

Acerca de "Entrando a Bavispe" (para ver el video haz click aqui) > Ciin5ciin ha realizado un comentario en Entrando a Bavispe Sonora: "si que las cosas han cambiado por alla..."> Mandy ha realizado un comentario en Entrando a Bavispe Sonora: "Bavispe!! eres grande!!! "

Hola! Espero se acuerden de mi, hice mi servicio social del 88 al 89 en el centro de salud, los felicito por su página de internet, tengo muchos recuerdos de ese bonito pueblo y de su maravillosa gente, les estoy muy agradecido por su hospitalidad durante esos meses del servicio social en el centro de salud. Saludos al profe Miguel Angel Samaniego a la Sra Lucrecia y sus hijos, a el Sr Arsenio y su esposa a Jesús y Roxana, a Pina y sus hermanas y hermanos y su papa, a la sra Lucrecia su esposo e hijos e hijas. Estamos en contacto, saludos.

Dr.Alvaro Contreras Orozco

Buenos días. Tengo bastante tiempo tratando de conseguir algún número telefónico para comunicarme a San Miguel. En la Presidencia Municipal de Bavispe me dicen que aún no sirve el teléfono de la caseta. Es increíble que las autoridades no se preocupen por arreglar un servicio tan básico. Si alguien me puede ayudar a conseguir alguna manera de comunicarme se lo agradeceré.

FNCH.

Me dio mucho gusto haber encontrado esta página en internet, pues me recuerda el tiempo que su servidor anduvo rehabilitando ese camino, andabamos de parte del gobierno del estado yo era el encargado de los trabajos, estába como presidente mpal. de Huachinera mi tocayo Salvador Samaniego rehabilitamos de Huasabas hasta San Miguel de Bavispe, soy hijo del hombre que le tocó hacer el primer camino de Huasabas hasta Bavispe su nombre es Domingo Morales. Cualquier persona mayor lo va recordar. Gracias a Dios todavia vive con 95 años.

Atte. Salvador Morales M.

Hola como estas?.... Los quiero felicitar por la estupenda idea que tuvieron de crear el sitio de Bavispe y sus comunidades, la verdad hacia falta algo como esto para dar a conocer nuestros pueblos y que la gente se anime a visitarlos, ademas de que puede servir como punto de contacto entre los originarios de alla que por alguna razon nos perdimos la pista y nos interesa mantener ese vinculo que forma entre nosotros el ser de esos pueblos, ojala y pueda encontrar algo de material para enviarte. Que a todo dar que encontre este sitio, esta muy bueno. Me dio gusto ver fotos de mi family , la galerita y de toda la region ademas de ver mensajes de mi tia yeime....sigue mandando fotos tia!!!! Tambien vi mensajes de viejos amigos como el ponchito parra..¿que ondas.. Ya no te acuerdas de los amigos?, contactame loco a ver que a sido de tu vida...! Y del hugo de don Chon que anda en Los Angeles y del Tadeo de Chuy Gracia de La Galerita. Ya tengo 2 años que no voy por cuestiones de trabajo pero espero este año ir con el favor de dios para pegarnos unas pisteadas con los amigos de La Galera, Bavispe y Bacerac. Ojala que sigan metiendole cosas nuevas al sitio. Miré al Chiny ahí colado en una foto y al Homero bien enfiestado...De nuevo muchas felicidades y ojalá que la página siga creciendo. Saludos

Atte. Paco Gracia de la mera Galerita.

Hola como estan? Espero que se encuentren con mucha salud. Aqui enviandole unas fotitos para que se vean caras frescas tambien y vea nuestra raza que todavia se ponen muy buenas las vacaciones y sobre todo que siempre hay actividades que hacer a los alrededores como pasar un bonito dia de campo, ir a los bailes, visitar lasIglesias, en fin siempre se divierte uno y se olvida de todas responsabilidades estando allá, desafortunadamente por cuestiones de trabajo no he podido ir, por eso me la llevo husmeando en las fotos de los primos y amigos para saber como estuvieron las Vacaciones jejejejej, hay que mitotear como se puso, jejej como buena Bavispeña.... Me gustaria ver mas variedad de familias y gente, luego vere de donde consigo, por ejemplo de la familia de tio Chale, los Moreno, de los del barrio de "Arriba", de la

"Colonia", etc. a ver si me toca ir con el favor este año para tomar fotos de la colonia y otras partes que no veo por ahi. Bueno saluditos que esten muy bien y que Dios los bendiga.

Atte. Carmen Zozaya.

Muchas felicidades por esta página me parece muy bien para la gente que tenemos años sin ir para alla. Espero que puedan juntar mas informacion.

Ayde Moreno

Hola mi nombre es Juan Manuel Samaniego me imagino que conocen a mi Abuelito Jesus Ruben Samaniego S., un saludo a mi tia Rita, mi tia Lucresia, Ramon Angel, Cosme, Amelia Zozaya, mi tia Adelina, y a todos estuve el año pasado en pascua en Bavispe con mis primos Yvette Samaniego, Ana Maria y Ana Karen Samaniego, Jesus y Lealdo Samaniego, hijos de Ana Joaquina Samaniego Zozaya y Amelia Samaniego Zozaya (QEPD), Me encanto la Página , Tio.

*Tambien le digo a Mr. McGwoman lo siguiente: "I just want to tell you Patrick McGowan that if u need to know something about this town or if you want someone to help u understand something about Bavispe I can help u just send me an email to: ******@hotmail.com"*
Atte Juan M. Samaniego

Acerca de los Cocodrilos del Rio Bavispe estos son algunos de los comentarios que la gente ha hecho: ->jrr99 (hace 1 semana) A que Don Pepo yo acabo de ir este fin me contó la misma historia y que degollaron a un burro los cocodrilos. ->myspot0405 (hace 1 mes). A que Pepo tan mentiroso. A cual cocodrilo pues. Salu2 desde Culiacan Sinaloa... jajajajaja

ATTE. Lupita nieta de Don Salvador Briseño ->chipirigil (hace 2 meses). A que buenos recuerdos de mi pueblo cual cocodrilo y Pepo no seas mentirosos cabr....! saludos desde

Guadalajara atentamente Alfonso Parra pd si hay alguien de Bavispe contáctenme saludos. ->chaliliux (hace 3 meses) Jjajajajajajajajajajajajajaja jaja cocodrilos , el pepo es el único cocodrilo. ->ronquito69 (hace 11 meses) Aquí los saluda el Hugo de Bavispe sigan Haciendo videos del pueblo y viva Bavispe y cuales cocodrilos ya se los hubieran comido. Un saludo desde los Ángeles aquí los saluda el güero de don Chón

---

Hola

Me gustaria platicar con R.M. como me puedo comunicar con ella?

Saludos.   *G.Rivas*

Hola.

A ver si este es el correo que abres tú. Soy el Tuchy Montaño. El 14 15 y 16 de marzo vamos a hacer una excursión yéndonos a Bavispe en carros (por carretera) con las cuatrimotos, jeeps, etc., para de ahí pasarnos al rancho el pinalito ya en las motos, y acampar allá esa noche. Pasar el dia 15 y venirse ese mismo dia en la tarde a Bavispe, dormir allí y regresar a agua prieta el 16., que es dia feriado. Creo que irán más de una docena de cuatrimotos y otros en 4x4´s. Ojalá anduvieras por allá para que nos acompañes, y de preferencia que dieras una pequeña reseña histórica de Bavispe en algún momento del tour. Le llamamos tour del equinoccio aunque se adelantó unos días. Van compañeros rotarios, amigos leones, y otros compañeros. Contéstame para ver si te mando un itinerario. Saludos.Tuchy montaño Video del Tour para mayor información de éste rancho haz click aquí Rancho el Pinalito.

Hola soy nieta de Alfonso Samaniego. Muchas gracias por dar sus condolencias. Es una muy buena forma de acordarse de nosotros se le agradece por parte de toda la familia Samaniego Valencia, tambien les pido de favor que si puden poner fotos mas recientes del pueblo o que si yo puedo subirlas ya sea de sus paisajes o otras cosas. M. Auxiliadora S.V.

Hola como estas? Me has quedado muy mal con las fotos para cuando las pones por favor me avisas cuando las subas para poder verlas plisssssssss. Que te pases muy feliz día del amor y la amistad con tus seres queridos. Cuídate mucho.Voy a buscar algunas de la Galerita a ver que me encuentro en el baúl de los recuerdos. Bueno que estés muy bien hasta pronto.

Yeime.

Dias despues de la regañada Yeime escribe: "...Mil disculpas es cierto ya las mire, retiro todo lo dicho y muchas gracias por responder mis correos."

Hola! Te mando ésta foto de la entrada de Bavispe para que lo agregues a la página web haber si te gusta. Saludos para todos.

Luz montaño la de Esthela

Hola! yo soy de alla y es un pueblo muy bonito....aaahhh les escribo para recordarles que el 30 de agosto también murio don Nacho de la Colonia. Atte Zuilma

Hola me agradó mucho encontrar esta página , mi nombre es Brígida C. M., mi padre se llamo Pablo Machiche López, hijo de pablo Machiche y Brígida López, el me contaba la historia de El Tigre de Bavispe, me contaba de algunas hazañas de su abuelo con su compadre, quien finalmente lo había traicionado, me encantaría si pudieran enviarme a mi correo cualquier informacion, no tengo fotos, solo la de la boda de mis abuelos, me encantaría conocer mas sobre mi apellido y si fuera posible alguno de mis parientes, se k a mis abuelos los separaron porque *ella era una señorita de sociedad y el un indio, y el se fue, mi padre me contaba k casi no convivió con su padre, yo creo k el rehizo su vida así k seguramente habrá entre esos Machiches alguno que sea hijo o nieto de Pablo Machiche mi abuelo. =)*

Hola como están Les mando unas fotos de unas carreras en Bavispe espero que las puedan subir ala página son fotos recientes. Seria muy bueno que pusieran fotos de cómo esta el pueblo actualmente para que las personas que no lo conocen y tienen familiares ahí se animen a visitarlos ahora para las fiestas del 29 de septiembre.

Mi mama es Amelia Gracia de la Galerita y yo también viví hasta hace algunos años ahí pero hace mucho que no voy, espero visitarlos pronto. Por ahí debo de tener fotos de la Galerita que mas adelante se las mandare.
P.D. Quisiera saber si Bacerac tiene página y si me la pueden pasar por favor.

Atte. Yeime Gracia

Dice mi mama que tiene el periódico del temblor, que si le interesa para mandarle fotos.

Atte. mayela piña diaz

Hola : escribo para agradecer la información que se tiene del Gral. Pablo Machiche, el cual era mi bisabuelo. yo soy nieta del Sr.Angel Machiche Cruz e hija del Sr. Manuel de Jesus Machiche Duarte (ambos finados). y mi nombre es Brunilda Machiche Garcia , yo les quiero decir que en casa de mis padres me parece haber visto documentos relacionados con mi bisabuelo los cuales cuando vaya a Parral , Chihuahua se los buscare nada mas diganme como se los puedo enviar , yo actualmente vivo en la Cd. de Chihuahua, Chih. Fue un placer incorporarme un poco a mis raíces y de antemano los felicito .

Mi nombre es Francisco Salcedo C. y me siento

orgulloso de ser del mas lindo pueblo que existe en sonora soy hijo de Olegario Salcedo olivas y maria coronado Santacruz ellos también son de alli de Bavispe, nosotros vivimos aquí en hermosillo y estaba ansioso de que pusieran una página de este hermoso lugar, pongan mas fotos actuales también, de la sierra , del rio,saludos a todos los primos, tias, conocidos y pues por alla nos vemos en semana santa para pegarnos una buena pisteada sale nos vemos.

Hola, mi nombre es Jesus Tadeo Gracia Cuevas, estudio en la Universidad de Sonora en la carrera de ingeniería civil y soy originario del municipio de Bavispe, para ser exactos del pueblo La Galerita, hoy estuve vagando en internet y por casualidad encontré esta página cuando buscaba información del sismo de 1887, llegue solo dando clic y por error salí del navegador y como no tenia la direccion exacta no pude volver a entrar a la página , asi que me dirijo a ustedes para pedirles el favor de que me pasaran la direccion exacta de la página , pues me gusto mucho y creo que podría ayudarles con algunas fotos, si es que estan interesados en ampliar más las galerías. estuve leyendo acerca de las personalidades,viendo fotos, y para ser francos el gancho fue la foto de la narración de Lorenzo V. Pirizango, pues allí fue donde entré primero, y como es un lugar que conozco muy bien y esa historia me la contaba mi abuelo me quede viendo el contenido de la página , pero me sali y ya no la encontre. de antemano muchas gracias y de nuevo les hago la petición de que me envien la direccion de la página

Hola, buenos dias,, mi nombre es LUIS FERNANDO ROMERO MORENO, mi mamá es originaria de Bavispe, sus apellidos son MORENO GARCIA, tengo muchas ganas de conocer ese pueblo, y mi familia también, lo que me interesaria saber las fechas de las fiestas, muchas gracias, y espero que sigan subiendo fotos para conocerlo de perdida por fotos, GRACIAS.

Nada más para que pusieran más fotos de lo que es el arroyo Huevon y la venadita , soy de allá ,y a si apenas mirando las fotos me dan ganas de ir, habían de promocionar mas el pueblo, yo vivo aquí en Hermosillo y es muy poca la gente que conoce para aquellos rumbos

GRACIAS.

Francisco Javier Salcedo Coronado .

Su página es muy bonita pero creo que la gente se mete para mirar a sus paisanos quisiera que tomaran en cuenta eso y que pusieran fotografías más recientes.

gracias

Att: María   Cortez.

Estoy muy contento de ver tan lindo pueblo. Espero que toda la gente apoye mi querido pueblo que yo siempre tengo en mi mente.

Atte.

Jonathan Briceño Nieto de Salvador Briceño gracias.

Dentro de los últimos fallecimientos no esta el nombre de mi tata Carlos Olivares Cruz que vivió casi toda su vida en Bavispe sino se acuerdan de el pregúntenle al Camicha. mi tata que siempre quiso mucho a su pueblo decía que cuando dios se acordara de el que lo enterraran en su tierra en su pueblo y con su gente. Saludos desde Hermosillo Sonora,

Un Amigo Guillermo Cortez Olivares "el Memo" como me decian de niño originario también de este bello pueblo nieto de Carlos Olivares. Saludos si ven por ahi a mi prima Aracely Rascón y su a esposo Calo por favor mándenme respuesta a este correo.

Lo que pasa es que me canse de buscar el significado del escudo de Bavispe y no lo encuentro y si ustedes

saben me harian el favor de mandarme que significa lo que pasa es que soy estudiante de la carrera lic, en administracion de empresas turísticas y pues la verdad me toco exponer sobre Bavispe y como deseo que mi exposición sea excelente , estoy casi seguro que ustedes quizas me puedan ayudar ya que he averiguado en varias bibliotecas y no lo encuentro espero su ayuda mil thanks,...
Atte. Dagobox

Buenas Dias, I have looked at your website and the pictures of your pretty little town. I hope to visit some day soon. I an interested in the history of the Bavispe area. Unfortunately I do not speak Spanish. Muchas Gracias.
Patrick McGowan

Estoy realmente emocionado con la cantidad de información con que me he encontrado, soy hijo del Sr. Manuel Samaniego Rascon, originario del el mineral El tigre perteneciente a este hermoso municipio, en reiteradas ocasiones mi padre me ha pedido que lo lleve a visitar ese mineral del cual salió en el año del 1944 aproximadamente, dice el que salió amarrado a unos troncos en un camión maderero en compañía de mi abuela doña Manuelita Rascon vda de Samaniego cuando apenas tenía 8 años, ya en una ocasión intentamos llegar a ese mineral pero no pudimos llegar por falta de conocimientos de brechas y caminos, quisiera saber si ustedes me pudieran dar una orientacion de como llegar o si tienen la localización exacta en coordenadas para buscar mediante un gps la posible ruta de acceso mediante cartas geográficas o algun visor via satelite, cualquier informacion seria de muchisima utilidad para poder cumplir el deseo de mi padre y poder así visitar la tumba de mi abuelo el Sr. Manuel Samaniego que según datos murio de una rara enfermedad el ano de 1936, tambien quisiera saber si existen los árboles genealógicos de la familia Samaniego y saber si descendemos del General Samaniego y en qué grado. Sin mas me despido y espero saber si existe dicha información, para cualquier cosa podran responderme a las siguientes direcciones, actualmente mis padres y hermanos residimos en Cd. Obregon:

martin.samaniego@cfe.gob.mx,
samaniegomartin@hotmail.com

Me siento tan orgulloso de pertenecer a una familia tan importante como lo son la familia Medina y tener mis raíces en un pueblo tan peculiar como lo es San Miguelito Sonora. Y no por vivir ausente de mi pueblo me olvido de el. Les mando un cordial saludo a toda la gente que nos recuerda.

Atte. Jose Esteban Gomez

Muchas felicidades por lo que lograste hacer de esta página, ojalá y que toda la gente se interese en lo nuestro.
De todo corazón te felicito por que mi padre es de este hermoso pueblo y yo también y recuerden que yo le quiero   mucho.
Atte. R. Felix

Hola buenos dias unicamente para felicitarlos por este espacio que le dedican a Bavispe ya que muchas personas que viven lejos les da mucho gusto de encontrar algo de su pueblo en internet GRACIAS por todo ello. Muchachos mis papas tienen un libro y su título es Hechos Reales de la Revolución, donde en mucha parte del libro se habla de Bavispe si les interesa esta información se pueden comunicar por este   mismo   medio.
Saludos
Honora Martinez Cruz

Hola como estas? soy la Jesu del Pira estaba viendo la página de Bavispe y me acordé que tengo un video de las fiestas de Bavispe del 92 donde salen todos los bailes, jaripeos , carreras procesión de San Miguel y coronación de la reina. Qué puedes hacer con el? También tengo fotos del pueblo, pero las tengo que escanear y luego te las mando. Si el video te sirve dime a donde te lo mando. Saludos Atte. Jesu Montaño

Mi familia materna desciende de Bavispe y siempre nos han platicado mucho de su querido pueblo. Mi mama se llama Beatriz Moreno Garcia y mis abuelos fueron Antonio Moreno Tarazon y Herminia Garcia Rascon. Aún viven algunos familiares mios alli en Bavispe y hay algunos que no he conocido, pero de tanto que me han hablado de ellos los siento cercanos. Me gustaría que de alguna manera publicaran en su página fotos de personas de los años 40 y 50 yo estare pendiente ya que esto de la página hace feliz a mi madre. Atte. Martha Alicia Tapia Moreno de Serrano

Tengo material para tu página , espero pronto respuesta y en ánimo de buen aprecio te envio unas. como la ves? Atte. Heberto Zozaya M.

Para empezar deja me presento mi nombre es Tony Samaniego Jr Yo soy hijo de Antonio Samaniego Moreno que en paz descanse mi madre se llama Rosa Delia Samaniego Durazo originaria de Hermosillo Sonora mi padre era originario de Bavispe Sonora por cierto un pueblo muy bonito y alegre, me encanta ir a sus fiestas tan suaves que se ponen cada 29 de Septiembre por cierto que con el favor de dios para el otro año que viene tenemos planeado ir. Oyes otra cosa te quería preguntar que si tu conoces a mi familia, por parte de los Samaniego pues a la mejor hasta parientes salemos ja ja ja bueno pues me despido y que tengas un bonito día. Atte. Tony Samaniego.

EL ESCUDO DE BAVISPE

A instancias del C. Adam Eduardo Langford Kemson se promovió generar un escudo el cual resaltara las características que distinguen a nuestro pueblo.

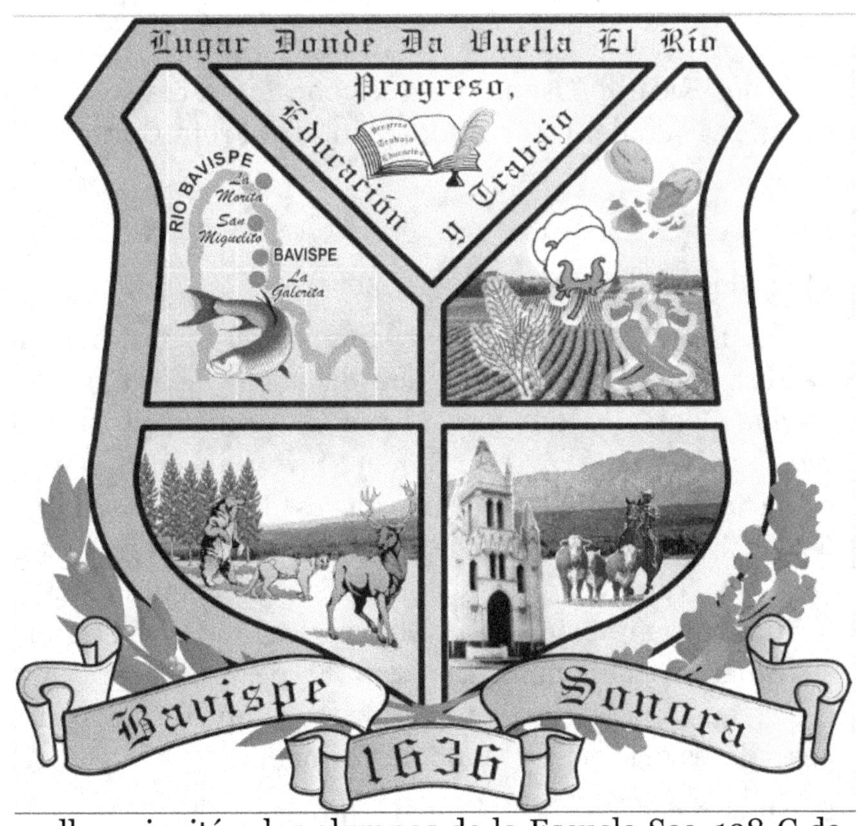

Para ello se invitó a los alumnos de la Escuela Sec. 198-C de Bavispe, para que se dieran a la tarea de aportar sus ideas las cuales quedaron plasmadas en lo que sería el Escudo de

Bavispe según aprobación del actual cabildo.

Los alumnos que a continuación se enlistan tienen el mérito de haber ayudado con sus ideas al diseño de éste Escudo Oficial.

Raymundo Cruz Samaniego   Eduwiges Rivera Sgo.
Mayra Nayeli Cuevas Galaz   Irvin Romero Pedregó
José Carlos Galaz Enríquez   Melvin Romero Pedregó
Ramón Fco. García Salcedo   María Livier Ruiz Coronado
Eneida Gracia Silvas   Osbaldo Samaniego Cruz
Merle Jovani Montaño T.   Miguel Antonio Tarazón B.
Ivett Moreno Gómez   Oscar Erick Zozaya Sgo.

El Profr. Ricardo Osuna Álvarez coordinó este esfuerzo bajo la supervisión del Director del plantel el Profr. Cornelio Vega Vega

El Escudo encierra el siguiente mensaje:

1. En primer lugar se puede apreciar el significado de la palabra Bavispe: "Lugar donde da vuelta el rio" según su origen Ópata. lo anterior puede apreciarse en el primer recuadro ya que corre de Sur a Norte y después da vuelta hasta tomar la dirección opuesta, es decir de Norte a Sur. Esta característica es única y rara vez encontraras esto en otro rio. También puede apreciarse las comunidades que forman este municipio: San Miguel, La Morita, La Galerita y su cabecera municipal: Bavispe. El pescado representa la pesca que en ciertas temporadas del año atrae turista y pescadores del vecino estado de Chihuahua.

2. En el recuadro central puede apreciarse los 3 valores que definen a cualquier acción y puede interpretarse como el Progreso es la suma del Trabajo y la Educación de un individuo.

3. En el recuadro superior derecho se representa a la Agricultura como uno de los pilares de nuestra economía siendo de los principales cultivos la Nuez, el Trigo, el Chile y el Algodón que en tiempos recientes ha disminuido su siembra.

4. En el recuadro inferior izquierdo se muestra el lado agreste de nuestro municipio en el cual puede encontrarse Flora a base de pinos, encinos, bellotas entre otras. En las partes altas de la sierra la Fauna está compuesta de animales de uña como Leones, pumas, osos, gatos monteses, y animales de pesuña como venados.

5. En el último recuadro puede apreciarse otro de los pilares de nuestra economía como es la ganadería representada por un vaquero arreando ganado. Siendo un pueblo mayormente católico no podía faltar la imagen de nuestro templo en honor a San Miguel Arcángel patrono de nuestra comunidad. Al fondo se aprecia la sierra conocida como La Chitahueca.

6. Abajo puede apreciarse la fecha de fundación de Bavispe siendo en 1636 aunque existen datos que indican el año de 1610 como base de las primeras exploraciones hechas por los misioneros europeos.

Facebook

A partir de 2010 Facebook fue una herramienta que nos permitió estar en contacto de forma más directa con todas aquellas personas que estaban interesadas en Bavispe Sonora. Era sencillo interactuar con todas ellas, era ágil subir una foto, un aviso o un publicación.

Comentarios.

A petición personal pedí a quienes nos seguían en Facebook nos enviaran algún comentario relacionado al pueblo y esto escribieron:

Mary Rascón Likeeee!! Me encanta Bavispe

Eduardo Blaine El pueblo de mi madre doña Eduviges Montaño

Rita Martínez Mi pueblo

Leonor Silveira Yo soy de Bavispe y Amo mi pueblo

María Yesenia Burquez Quijada Pues yo Bavispeña con con orgullo

Jacqueline Samaniego Zozaya Yo nací en Bavispe… Saludos a todos !

Celina Kent Mis Padres son de Bavispe y a mí me encanta vacacionar pro allá. Celina Durazo

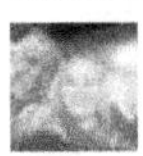

Eumelia Moreno Zozaya Likeee para Bavispe……!!!!!!

Cecy Reyes García Me gustan mucho…los pueblos de la cierra un saludo sincero a toda su gente linda de

Maury Beltrán Soy orgullosamente de Bavispe, y me encanta mi pueblo,, allí nací y viví hasta mis 11 años. .Allí nacieron mis padres mis hermanos y allí esta alguien muy importante en mi vida y siempre estará en mis recuerdos. Bavispe Sonora…

Rashell Coronado Soy orgullosamente d Bavispe Sonora

Judith Ruelas Conocí, me gustó, me encantó, me súper fascinó, y no conforme con eso, pues me quedé a vivir un año, en este lindo pueblo, lugar donde gracias a dios viví muy feliz y conocí a las más lindas personas ahora mis más queridas y valiosas amistades

Cruz Quijada Yo soy de Bavispe bonito pueblo

Cecy Reyes García Hola Cruz Ochoa…. gusto saludarte…Bavispe.

Denia Guadalupe Bacame Gonzalez Yo soy de Bavispe y vivo aquí esta es mi tierra que por nada dejo mientras mi padres estén aquí prefiero ser pobre y feliz.

Elda Ochoa Yo nacimiento en este pueblito bello

Lily Aguilar Me encanta mi pueblo su gente, soy de Bavispe

Karlayjose Soto Orgullosamente de BAVISPE mi pueblo natal donde quiera que ande siempre que hay un olor a tortillas recién hechas o un olor a tierra mojada es arrancarme un suspiro del corazón y mi mente se traslada de inmediato hasta Bavispe el lugar de mis recuerdos. Donde vive mi gente favorita.

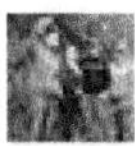

Mireya Pedregó Con mucho orgullo Bavispeña de corazón, saludos paisanos.

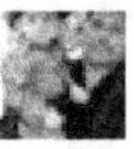

Eleucterio Rascón Con mucho orgullo arriba Bavispe Sonora

Pedro Samaniego Mi papa "el Tuchi Samaniego"...él y toda la familia. Somos....100%de Bavispe.....saludos a todos los Bavispes.....

Maria Martínez Ese. Es. Mi. Pueblo. Adorado. Y. Querido

Jose Baltierrez yo también mis padres eran de allí

Pablo González Arriba Bavispe

Pepe Chuy Cuevas Mis padre galerita sí señor. Saludos Bavispes

Luis Carlos Marin Juvera Un saludo afectuoso para "Chico" Montaño, y Petrita... y Carlos, su hijo, y familia. Hace poco vinieron a Hermosillo a una celebración y conviví con ellos. Luego nos vemos por allá, si Dios quiere...

Sivia Lopez Mi madre y esposo son de Bavispe

Jesse Durazo En 1990, visite la familia Durazo Montaño. Yo soy Durazo Moreno, familia de Huásabas y Bacadéhuachi. Quede tan impresionado con el pueblo! Vivo en San Francisco, CA. USA. Saludos a todos los Bavispe.

Luz Durazo Con recuerdos muy gratos de mi niñez...recuerdo con mucho cariño a amigos y compañeros de primaria y familias que no he vuelto a ver y me encantaría coincidir....saludos a los del terruño... Sr jesse soy de esa familia pero no lo recuerdo, saludos de cualquier forma!!!

Christian Ulises Ruiz Salcedo Orgullosamente Bavispe!!!Pues sí que no

Nelly Samaniego Ruiz Soy de Bavispe amucho orgullo

Aida Rivera Durazo Yo nací en San Miguel pero mi abuela paterna era de ahí Francisca Márquez Ochoa

Gonzales Montano José Mi mama es d Bavispe

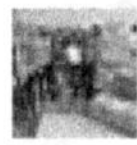

Octavio Samaniego Pos que diré yo 50 y 50 a mucha honra de los 2 Bavispe y Bacerac que no

Monchy Samaniego yo si soy originario de mi lindo pueblo Bavispe con muchos recuerdos y no me extrañaría que en un futuro regresara a descansar y acompañar a mis padres que dios lo a conservado vivos un abrazo muy fuerte y de amistad a todos mis paisanos dlb.

Jose Jesus Blaine mi familia materna es, de Bavispe y por eso me gusta y ya lo visite con los reyes Montaño

Aaron Francisco Lopez Montano Soy de Hermosillo y mi abuelo Antonio Montaño moreno es del bello pueblo de Bavispe Sonora un saludo a toda mi familia pronto me gustaría andar por aquellas tierras para conocernos mejor.

Marilu Moreno Quijada Soy de ahí mis raíces y orgullosamente de Bavispe Sonora

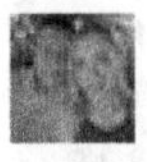

Sagrario Smidt Yo fui este ciclo escolar 2014-2015 la maestra del jardín Agustín de Vildósola en Bavispe ... me he quedado enamorada de este bello pueblo, de su gente y su calidad humana ... sin duda alguna una hermosa experiencia.

Maribel Ballesteros Mi Tata era de Bavispe... Manuel

coronado... Y mi tío vive ahí Miguel Enríquez y mi tía Mercedes.

Belén Samaniego Meraz Yo nací en Bavispe me vine de 5 años a Hermosillo no Quiera morirme sin ir a mi pueblo

Laura Elena Samaniego Mis padres eran de Bavispe Ignacio Samaniego Montaño y mariana Lamadrid Ortiz

Alicia Jaime Yo soy de Bavispe y me siento orgullosa

El Richard González Soy nacido en Bavispe Pero creado en agua prieta mis abuelos Dolores y Miguel Vivian ahí Pero fallecieron Pero siempre vinieron ahí tengo tíos y primos que viven ahí.

J Pablo Machiche Santacruz soy nacido en Bavispe Sonora y estoy orgulloso de ser de aquí de este pueblo querido, soy de la familia Machiche Santacruz, tengo aun familia en este pueblo. Y estoy orgulloso de llevar conmigo el apellido Machiche un apellido con mucha Historia.

Luis Dórame Yo me acuerdo. Y con mucho gusto. Me encantaba ir en el burro de mi padre a traer leña al monte yo y mi carnal de chamacos. Era muy divertido. Al arroyo el guebon... Mis padres. Luisito Dórame Gil falleció ahí en mi pueblo Bavispe en el año 1983, q está ahí mismo sepultado. Y mi madre ma, Jesús Enríquez estrada q también ya falleció, en el año 2010, _ y estoy orgulloso, de ser hijo de ellos, y ser de mi pueblo querido, saludos, x allá,

Sandra Pedregó Yo también soy de Bavispe Sonora y muy orgullosa pero me trajeron para agua prieta de año y medio mis padres son María Delia y Ángel Pedregó Márquez muy orgullosa

de mis abuelos Saturnina y Vicente Márquez Valdez todavía tengo familiares ahí está mi tía Rosa y Adán como añoro volver

Teresa Martínez Yo nací en Hermosillo, Sonora pero en 1971 fui por primera vez a Bavispe y era un pueblito sencillo y muy bonito su gente muy amable lo recuerdo como un sueño pero me quede enamorada de ese pueblito!!! Qué bonito que toda la gente tenga tan bonitos recuerdos del pueblo donde nacieron mis padres (Jesús Samaniego (Tuchi) y Francisca Tarazón (Quica) Gracias Bavispe

Nelly Alcaraz K puedo decir yo orgullosa de ser de Bavispe Sonora salí de allí en 1977 y mi padre siempre quiso regresar (Erasmo   Martínez)

Laura Elena Samaniego Mi bisabuelo mariano Ortiz de la laborcita

Elda Dávila El pueblo mágico d Bavispe Son Donde. Nuestros padres acostumbraban a llevarnos a la feria el 29 30 y 1ero d octubre tan hermosas tradiciones ver los moros para mi muy gratos y lindos recuerdos

Elda Dávila Perdón soy d Bacerac Sonora vivo en Monclova Coahuila   saludos

Daniel Rodríguez Laborín Saludos a toda la gente bonita de Bavispe Sonora yo soy de san Miguelito de Bavispe Sonora

Jorge Santacruz 100% Bavispe

Ramón Rentería Yo soy de Bavispe Sonora

María Samaniego no soy de Bavispe pero me gusta mucho ese pueblo

Blanca Flores 100% Bavispe con mucho orgullo…. Saludos gente bella, Saludos familia. Se le quiere y se le extraña mi pueblo.

Ojalá y puedas regresar María Samaniego, yo se q quieres mucho al pueblo y su gente… Saludos.

José Baltierrez yo no soy de ahí pero mis padres si familia Samaniego baltierrez Ochoa tarazón Arvizu mi abuelo Agustín Samaniego tarazón y mi abuela concepción Arvizu que en paz descansen yo soy hijo de Ignacio Baltierrez Ochoa y teresa Samaniego Arvizu que en paz descansen saludos

Rosario Reyes Ledezma Hoy está más bonitos todavía los invito a que vengan a visitarnos les ha seguro que les va a gustar Bavispe esta hermoso

Jesús Mendoza Yo no soy de Bavispe pero me encanta ese bonito pueblo

<u>Yuyi Lamadrid</u> Mi madre era Eufemia Dávila Flores de Lamadrid que nos crió mi abuela de crianza por mi Mamá Eufemia Samaniego d Tarazón y mi Papá Jesús Tarazón.

Mi padre era Francisco Lamadrid Ortiz hijo de Fco Lamadrid y Concepción Ortiz (finados igual k mi mamá). Mis abuelos eran los dueños de La Laborcita. Y se la vendieron a Miguel Ángel Díaz. En el 2002 me toco ir a mi Pueblo a trabajar en la Contienda Interna del Lic. Alfonso Molina y ganó el Lic.- Eduardo Boers para Gobernador.
El Fco. Zozaya (finado) k es el Papá de Peki, fue padrino de Bautizo de un Hermano mío. Me encanta mi Pueblo, lo quiero

mucho.
Saludos y bendiciones.

Rita Martínez Arriba Bavispe

Leonor Silveira Yo soy de Bavispe y con mucho Orgullo lo digo Saludos para todos los Bavispeños

Roberto García Santacruz Bavispe, pueblo del cual mi familia es originaria, pueblo k se distingue por su gente solidaria y amigable, los invito a conocer los pueblos de la sierra....... (ARRIBA BAVISPE SONORA/FAMILIA GARCÍA SANTACRUZ).

Juana Zamora Ibarra yo soy de Bavispe y con mucho orgullo saludos a todos los de Bavispe

Guadalupe Pedregó Arriba mi pueblo como olvidarlo tengo muchos recuerdos

Rytha Dórame Yo nací en Bavispe mi querido pueblo que tanto extraño. Espero algún día regresar. Yo soy hija Luis Dórame gil y maría Jesús Enríquez. Ya fallecieron. Mi papa descansa en paz ahí misma y mi mama aquí en agua prieta.

Monce Medina MUY BONITO BAVISPE SON. SALUDOS. YO SOY DE BACERAC MI TIERRA HERMOSA!!!

Iris Parra Hola! Soy nieta de Nestór Bácame y Rita Huasica...como olvidar la semana santa para ir a pescar, Diciembre para comer tamales d cochi q mí mismo abuelo

engordaba para sacrificarlo esa fecha. Tantos recuerdos parece q fue ayer ☹ :'(

Elda Dávila Arriba Bavispe tengo recuerdos maravilloso y es un pueblo precioso soy d Bacerac Son saludos

Pepe Chuy Cuevas Arriba La Galerita

Dora Evelyn García Muy bonito Bavispe pero lo mejor de ese municipio es San Miguelito Sonora

Gloria Samaniego Bellos recuerdos de Bavispe

Ángela Carrizoza yo soy orgullosamente de BAVISPE un pueblo muy hermoso y su gente muy amable sus tradiciones muy bonitas.

Francisco Fimbres Aguayo Yo conozco Bavispe, tengo muchas amistades muy bonito Pueblo les mando un saludo Fco. Fimbres Aguayo

Rosa Martínez Orgullosa de ser de Bavispe Sonora yo tengo 27 años que salí de mi lindo pueblo saludos gente bella

José Gracia Bavispe es mi tierra

Indio Samaniego Bavispe chulada d pueblo nos vemos pronto primera mente dios

Santiago Favela Moreno yo conocí Bavispe y me gustó mucho, por ejemplo vi muy pintoresco este pueblo, su iglesia, su rio, también conocí la Gotera con dibujos étnicos, muy suave, fui a visitar a mis parientes que son Román Moreno de la Galerita, a Miguel Moreno y su gente se portó conmigo de lo mejor, algo que no se me olvida, y me gustaría volver, para ver que tiene doble piso este pueblo mágico que me quede sorprendido, muy bonito....

Norma González Cortez Yo amo mucho a mi pueblo 100% puro   Bavispe

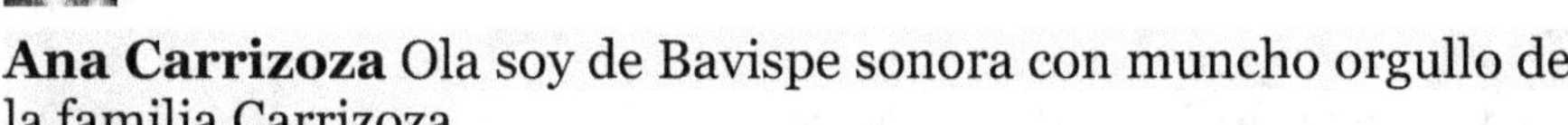

Ana Carrizoza Ola soy de Bavispe sonora con muncho orgullo de la familia Carrizoza

Norma González Cortez Mi pueblo lindo y querido puros recuerdos gratos algún día vamos a ir para allá para pasear por el río y visitar toda mi familia Cortez Salcedo Dios me los bendiga a todos

Marilú Moreno Quijada yo recuerdo cuando íbamos a ofrecer flores a la virgen a la iglesia nos vestían de blanco y con un flores naturales de ahí mismo recolectábamos las llevábamos a la iglesia muy bellos recuerdos...no sé si aún se hace eso

Patty Chávez Ola muy lindo Bavispe mis abuelos son Pedro Salcedo olivas y Guadalupe coronado (qepd)

Rosa Ruiz esa lo digo también guarda en sus tierras Los restos de mis abuelos como olvidar esas semanas santas q todos los años pasábamos al lado de toda la familia punto de reunión de todos los hijos nietos y demás al lado del Rio y lamentablemente con la

partida de los abuelos jamás se ha vuelto a dar esa reunión cuanta falta nos hacen abuelos descansen en paz Ignacio Ruiz y Rosa Chanes

Jesús Yánez Galaz Mi Madre (Emilia Galaz Lugo) era originaria de Bavispe Sonora, me platicaba que mis abuelos tenían un Mi Madre (Emilia Galaz Lugo) era originaria de Bavispe Sonora, me platicaba que mis abuelos tenían un terrenito donde había una tauna, de la Chitahueca, la parte alta y la parte baja del pueblo y asi. Total que no se me hizo conocer hasta que tenía 20 años en las fiestas (por cierto que hay muchas Mujeres bonitas) total que a las personas con las que fui, que son de San Miguelito Sonora les comente en el camino de lo que mi Mami me platicaba, y aquellos no me la creyeron que era la primera vez que iba, me decían; -a nosotros no nos engañas, tú has venido antes, como vas a saber tanto?? Jajajajajaja, Esa fue la primera vez que fui, espero ir algún día... 😊 :)

Guadalupe Ruiz Vázquez Hola yo soy hijo de Fermín Ruiz él es originario de Bacerac ya finado nació en la estancia de Bacerac hoy en día solo existe el cementerio que ahí están sepultado mis abuelos paternos pero aún tengo familiares en san José de los pozos y Bavispe y tamichopa y fui a los pozos el 29 de agosto

Nelly Samaniego Ruiz Uumm Bavispe belleza de pueblo tantos recuerdos y seguiremos haciendo historia hasta que dios quiera

Jacqueline Samaniego Zozaya Que les puedo decir... La mayoría me conoce y Orgullosamente Bavispe... Lindos Recuerdos y a dos días de las Fiestas... Recuerdo los Moros con mi Tío Mauro y el Palo Encebado y los días que duran las Fiestas y enfrente de la casa de mis Padres y mi Abuelita Mariana pues mucho mejor... Como saben soy Hija de Jesús Samaniego Y Joaquina Zozaya ... Desgraciadamente ya Fallecieron pero sé que muchos los Recuerdan... Mis Antepasados por parte de las dos Familias... Gracias por Compartir ... Recuerdo una vez que fui a Bavispe con una amiga y por la emoción de llegar se fueron mis maletas en el correo hasta Huachinera (por saludar a mi Abuelita) y le pedí a un primo que nos llevara hasta Huachinera con el carro de mi papá sin pedírselo y nos fuimos a buscar el Correo? Ese primo era un loco para manejar! jajajaja y nos quedamos horas en medio del Rio Crecido... Yo quiero estar en ese Libro que mencionas jajajaja... Creo que me lo Merezco por tantas Historias jajajaja Saludos a todos !

Sandra Montano Olivares Bavispe mi pueblo querido como olvidarte si te llevo siempre en mi corazón te amo mi Bavispe Dios te Bendiga siempre.

María Yesenia Burquez Quijada Bavispe como no recordarte pueblo sinigual hemos y con muy bellos recuerdos de mi infancia nunca se olvidan para mí no Ay un pueblo tan hermoso como Bavispe. , Arriba Bavispe pues

Pedro Samaniego Mi nombre...Pedro Samaniego Tarazón. Hijo del"Tuchi"Samaniego, y de "La Quica "Tarazón...todos nacidos en Bavispe...Un afectuoso saludo para todos mis primos. Primas; y "paisanos....nos vemos? Quizá.........

Frank Ochoa Yo no nací en Bavispe pero mis mi papa y mama y mis abuelos son de ese pueblo bonitos viví hasta cuando tenía 6 años todavía tengo tíos y tías saludes para toda la familia Ochoa y olivares y todos los amigos que se acuerden de mí y toda esa gente Bonita de pueblo bonito dios los Bendiga siempre saludes

Nidia BuSan Mis abuelos y papa son del pueblo de Bavispe...

Santiago Favela Moreno Juana Moreno Ledesma era mi madre y nació en Bavispe, Sonora el 27 de Marzo de 1926 y mis abuelos

eran Juan Moreno y Dolores Ledesma, y tengo 3 hermanos que nacieron en Bavispe y dicen sentirse orgullosos de sus raíces, ahora viven en Ensenada Baja Calif., ojala elaboren un buen libro como se lo merece esta bonita tierra de Bavispe...saludos a todos mis paisanos....

Thelma Durazo Yo amo mucho a mi pueblo hermoso ahí nací.

Cruz Elena Encinas Rojas Hola yo soy de San Miguel pero me acuerdo k siempre Bavispe y San Miguel tienen pleito y en los bailes se armaba las broncas eso asido siempre saludos verdad o no ja ja ja

Lesly Martínez 100% Bavispe Sonora

Uriel Ruiz Hola saludos yo recuerdo cuando iba en la primaria me tocó ser pancho villa 2 veces la primera vez recuerdo me dibujaron los bigotes con marcador ya me andaba intoxicando la segunda vez mi mamá dijo yo lo voy a pintar y me los dibujo con lápiz de los ojos otro personaje k recuerdo es el de Don Fco y Madero

Melva Cruz Pues. Toda mi familia es de Bavispe mis abuelos Epifanio crucita Estanislao y mi abuelita Elvia y siempre mi nana Elvia me platica de cuando vivía en el Durazno que allá tuvo la. Mayoría de mis tíos. Hace 12 años que no voy al pueblo. Pero un día se me concederá volver

Javier Cruz Algún día iremos todos prima con él favor de dio ♡ ♥

<u>Eleucterio Rascon</u> Bonito mi pueblo no conozco demasiado a la gente por sus nombres pero siempre único a alguien que es de allá saludos

<u>Celeste Montaño</u> Como se extraña pueblito lindo!!!🙈🙉🙈🙉

<u>Alma Díaz</u> Yo soy de San Miguelito pero vivo en Nacozari y tengo muy bellos recuerdos cuando mis papás iban a votar a Bavispe me llevaban a caballo lindos pueblos como olvidarlos

Publicaciones.

En las siguientes páginas encontrarán las principales publicaciones que se hicieron desde 2010. Ojalá y sean de su agrado.

SU GENEALOGÍA

Bavispe, al igual que todos los pueblos se compone de gente de muchas partes. Hay familias con arraigo de siglos como la familia Samaniego, los Montaño y los Moreno entre otras, asi como familias que tienen pocos años pero llegaron para quedarse. También hubo familias que desaparecieron y los apellidos ya no existen en el pueblo.

Trataré de poner algunos apellidos en las siguientes páginas con la promesa de que en una siguiente edición pueda agregar muchos más y corregir los errores que existan en ellos.

LOS SAMANIEGO. Este apellido existe desde antes de 1700 y su origen no es muy claro pero existen muchos Samaniegos en Bavispe y no todos son parientes. A continuación una de las líneas que inicia en 1822:

MIGUEL SAMANIEGO A (1822-1868)

m. 1842 *ROSA ROMO Y DEL VIVAR* (1820-?)

└─*MANUEL SAMANIEGO ROMO* (1846-?)

└─*JOSÉ SAMANIEGO ROMO* (1848-1927)

   m.*EMIGDIA SAMANIEGO MONTAÑO* (1852-1924)

     └─*ROSITA SAMANIEGO SAMANIEGO* (1872-1875)

     └─*ANA JOAQUINA SAMANIEGO SGO* (1873-1935)

     m.*JOSÉ A. ZOZAYA REY* (1871-1936)

       └─*CARLOS ZOZAYA SAMANIEGO*

       m.*ANA MARÍA GUZMÁN*

       └─*EMILIA (TIA EMILITA) ZOZAYA SAMANIEGO*

       └─*RAMON ZOZAYA SAMANIEGO*

       m.*AMELIA SAMANIEGO DÁVILA* (?-1945)

       M.MARÍA *DUARTE*

       └─*JUAN LUIS ZOZAYA SAMANIEGO*

       m.*CATALINA DUARTE*

ALONSO ZOZAYA SAMANIEGO
m.*MARIA TARAZON*
MIGUEL ZOZAYA SAMANIEGO
m.(Desconocido)
JOSE ZOZAYA SAMANIEGO
m.*EUMELIA SAMANIEGO DÁVILA*

MIGUEL SAMANIEGO SAMANIEGO (1875-1929)
m.*FIDELA MORENO* (1899-?)

LAURO SAMANIEGO DÁVILA
m.*AGRIPINA MORENO*
LAURA SAMANIEGO
CARLOTA SAMANIEGO DÁVILA
NATALIA SAMANIEGO DÁVILA
m.*JESUS DURAZO*
m.*LEANDRO DÁVILA*
MIGUEL SAMANIEGO
m.*GUADALUPE MONTAÑO JAIME*

ROSA SAMANIEGO SAMANIEGO (1877-1949)
MANUEL J. SAMANIEGO SAMANIEGO (1879-1964)
m.*EUMELIA DÁVILA* (?-1909)

AMELIA SAMANIEGO DÁVILA (?-1945)
m.*RAMON ZOZAYA SAMANIEGO*
EUMELIA SAMANIEGO DÁVILA
m.*JOSE ZOZAYA SAMANIEGO*

m.*CLARA SAMANIEGO SAMANIEGO*

MARTHA SAMANIEGO SAMANIEGO
m.*EDGARDO TARAZON*
EMA SAMANIEGO SAMANIEGO
m.*FRANCISCO DUARTE GUERRERO*
ESTHELA SAMANIEGO SAMANIEGO
m.*JOSE PEDRO (TIO PIRA) MONTAÑO DURAZO*
AURELIA SAMANIEGO SAMANIEGO
m.*ALEJANDRO DUARTE GUERRERO*

LUDOVICO SAMANIEGO SAMANIEGO (1881-1915)
JUANITO SAMANIEGO SAMANIEGO (1883-1887)
RITA SAMANIEGO SAMANIEGO (1885-?)
MARIANA SAMANIEGO ROMO (1887-?)
EUFEMIA SAMANIEGO SAMANIEGO (1891-?)
m. 1912 *JESUS C. TARAZON* (1881-?)
REYNALDO SAMANIEGO SAMANIEGO (1893-1943)
m. 1916 *MERCEDES DÁVILA* (?-1950)

EMIGDIA SAMANIEGO DÁVILA
m.*ANTONIO BARCELÓ SAMANIEGO*

   └─*SALVADOR SAMANIEGO DÁVILA* (?-2017)
   └─*EFREN SAMANIEGO DÁVILA*
   └─*REYNALDO SAMANIEGO DÁVILA*
   └─*LUDOMILIA SAMANIEGO DÁVILA*
└─*AMELIA SAMANIEGO ROMO* (1850-1908)
 m.*DR. JORGE HONE*
  └─*JORGE HONE SAMANIEGO*
└─*EUFEMIA SAMANIEGO ROMO* (1852-1887)
└─*REYNALDO SAMANIEGO ROMO* (1854-1887)
└─*RITA SAMANIEGO ROMO* (1856-1887)
└─*AURELIO SAMANIEGO ROMO* (1858-?)
└─*JESUS LAURO SAMANIEGO ROMO* (1860-?)
└─*AURELIA SAMANIEGO ROMO* (1862-1949)
 m.*BERNARDO SAMANIEGO X*
└─*ILUMINATO SAMANIEGO ROMO* (1864-?)
└─*MARIANA (TIA CHINA) SAMANIEGO ROMO*
 m.*JESUS SAMANIEGO VILLAESCUZA*
  └─*RITA SAMANIEGO SAMANIEGO*
   m.*BERNARDO PERALTA*
    └─*BERNARDO PERALTA SAMANIEGO*
  └─*CLARA SAMANIEGO SAMANIEGO*
   m.*MANUEL J SAMANIEGO SAMANIEGO*
   m.*MANUEL J. SAMANIEGO SAMANIEGO* (1879-1964)
    └─*MARTHA SAMANIEGO SAMANIEGO*
     m.*EDGARDO TARAZON*
    └─*EMA SAMANIEGO SAMANIEGO*
     m.*FRANCISCO DUARTE GUERRERO*
    └─*ESTHELA SAMANIEGO SAMANIEGO*
     m.*JOSE PEDRO (TIO PIRA) MONTAÑO DURAZO*
    └─*AURELIA SAMANIEGO SAMANIEGO*
     m.*ALEJANDRO DUARTE GUERRERO*
  └─*MERCEDES SAMANIEGO SAMANIEGO*
  └─*JESUS SAMANIEGO SAMANIEGO*
  └─*MARIANA SAMANIEGO SAMANIEGO*
   m.(Desconocido)
    └─*JESUS SAMANIEGO SAMANIEGO*
     m.*JOAQUINA ZOZAYA SAMANIEGO* (?-2007)
  └─*ROSA SAMANIEGO SAMANIEGO*
  └─*MIGUEL SAMANIEGO SAMANIEGO*

TARAZÓN. Este apellido lo encontramos a partir de 1897 en el siguiente Acta de Matrimonio: (Se transcribe fielmente del acta)

"...Matrimonio Moreno Tarazon: Acta de Precentación En el Pueblo de Oputo a los nueve dias de Diciembre de mil ochocientos noventa y siete ante mi Rudecindo Durazo Juez del Estado Civil, se presentaron los Ciud.os Francisco Moreno y Francisca Tarazón, manifestando su espontanea voluntad de unirse en Matrimonio Civil, el interesado es natural de este Pueblo y vecino de Bavispe Labrador de veinte y seis años de edad, hijo legítimo de los finados Manuel Moreno y Mayen y de Ysmael Valencia, la interesada es natural y vecina de Bavispe, de veinte y dos años de edad, hija legítima del finado Miguel Tarazón y de Ma. Loreto Montaño, ya casados por la Yglesia. Abuelos Paternos del interesado los finados Ygnacio Moreno y Josefa Mayen y Maternos los finados Trinidad Valencia y Carmen Carrera. Abuelos Paternos de la interesada los finados Refugio Tarazón y Beatriz Córdova y maternos el finado Ygnacio Montaño y Rosalía García. Testigos de los interesados los Ciud.os Manuel F. Durazo Lorenzo T. Enríquez Demetrio Durazo y Francisco A. Langston..."

REFUGIO TARAZON

m.*BEATRIZ CORDOVA*

└─*MIGUEL TARAZON*

   m.*MARIA LORETO MONTAÑO*

     └─*FRANCISCA TARAZON MONTAÑO* (1875-?)

       m.*FRANCISCO MORENO* (1871-?)

     └─*JESUS C. TARAZON* (1881-?)

       m. 1912 *EUFEMIA SAMANIEGO SAMANIEGO* (1891-?)

MIGUEL TARAZON MONTAÑO

m.URSULA MONTAÑO

 MARIA TARAZON

 m.ALONSO ZOZAYA SAMANIEGO

 CARMELO TARAZON

 m.SOCORRO DURAZO SAMANIEGO

 LORETO (TITA) TARAZON MONTAÑO

 m.JESUS SAMANIEGO

 FRANCISCA (TICA) TARAZON MONTAÑO

 m.JESUS SAMANIEGO

 BEATRIZ TARAZON

 m.PABLO DURAZO SAMANIEGO

 EDGARDO TARAZON

 m.MARTHA SAMANIEGO SAMANIEGO

MARIA DEL REFUGIO TARAZON

m.ABEL SAMANIEGO

 JESUS SAMANIEGO

 m.LORETO (TITA) TARAZON MONTAÑO

 JOSE SAMANIEGO TARAZON

 m.LAURA MORENO

 JOAQUIN SAMANIEGO TARAZON

 m.(Desconocido)

 AGUSTIN SAMANIEGO TARAZON

 m.ELISA PEDREGÓ

 MARIA SAMANIEGO TARAZON

Los DURAZO.

Como tributo póstumo a Don Ricardo Durán, juez civil por muchos años de Huásabas Sonora, historiador nato y gran persona, quien unos años antes de morir compartió conmigo ésta recopilación de hechos del apellido Durazo.

Uno de los apellidos más conocidos en nuestra región es Durazo.

El apellido "Durazo" según Johannes Rietstap en su Armorial Europeo es de origen romano, siendo grafismo de "Durazzi" cuyos caballeros de ésta denominación pasaron a la República de Francia para proseguir a la península Ibérica donde presentaron sus documentos que acreditaban su nobleza perteneciendo a las órdenes militares españolas. Es allí donde se transforma el apellido "Durazzi" a "Durazo".

Una de sus ramas pasó a la Nueva España adentrándose a México por el Puerto de Veracruz. Conforme la conquista de la Nueva España avanzaba, los Durazo se adentraban más y más al territorio conquistado. Algunos descendientes se dedicaron a la agricultura y minería en México y Jalisco, entre otros lugares, siendo de ésta forma que llegan a Sonora como mineros estableciéndose originalmente en el Mineral de La Colorada.

Otra rama de los Durazo se desplaza y fundan la Hacienda de Topahue. En su constante sed de aventura y progreso siguen distribuyéndose a lo largo del Rio Sonora y otros llegan a la Villa de Oposura hoy Moctezuma Sonora y es allí donde comienza la historia de los Durazo que nos ocupa.

Los primeros registros indican que un señor llamado Don José Durazo (1) quien contrae nupcias con una hija del Comendador del Valle de Ostimuri Francisco Vásquez y Samaniego, llamada María de los Santos Vázquez.

Una vez radicados en la Villa de Oposura, procrearon a Altagracia (1.1) casada con José Moreno, María (1.2) casada con Manuel Moreno, María de la Luz(1.3) casada con Jesús Montaño y Miguel(1.4) casado con Josefa Montaño en 1735 quienes procrearon 7 hijos los cuales fueron cofundadores de Granados Sonora, junto con sus tíos los señores de nombre y apellido Ramón Arvizu y Pedro Barceló.

Corría el año de 1797 cuando los señores Durazo Montaño acompañados de sus tíos Ramón Arvizu y Pedro Barceló fueron informados por los señores Moreno de Oposura y dueños de la hacienda de Capadehuachi que en el valle de Guázabas (hoy Huásabas), había tierras fértiles y terrenos mineros que prospectar.

Con ésta información arribaron a Guázabas donde se entrevistaron con Don Juan de Mella y Hernández quien les sugirió que al sur del poblado podían asentarse ya que las tierras que había le pertenecían a él. Lo anterior no es muy claro ya que no se especifica si Don Juan era dueño de las tierras a ocupar o si Don Juan era dueño de las tierras colindantes de donde los mandó.

Ya ubicados en lo que hoy es Granados, los hermanos Durazo Montaño se dedicaron a abrir tierras para la labranza y levantar una casa a la cual le llamaron Hacienda de San Isidro de los Órganos llamada así en honor a San Isidro quien era el santo de su devoción y en honor al Cerro de los Órganos el cual se encuentra al sur del poblado.

Y ya asentados en lo que Hoy es Granados, los Durazo se extendieron por la mayoría de las poblaciones de la Sierra, por lo que es común encontrarnos con ellos en Huásabas, Villa Hidalgo, Huachinera, Bacerac y Bavispe.

Para estas fechas debe estar creciendo la onceaava Generación de Don Miguel Durazo y Doña Josefa Montaño quienes procrearon a los hermanos Durazo Montaño fundadores de Granados Sonora.

La familia que muestro en el siguiente árbol proviene de Don Pablo Durazo Montaño nacido en Granados en 1849 y fallecido en Bavispe en el año de 1938. En 1885 nace José Pablo Durazo Durazo quien se casa con Doña Rosa Samaniego Escalante y radican en Bavispe.

En 2018 nuestra amiga Celina Durazo hija de Don Ignacio Durazo y Doña María Eva Ochoa (presentes en el siguiente árbol genealógico), se dio a la tarea de investigar su DNA y su procedencia geográfica encontrando que para su padre con apellidos Durazo-Samaniego correspondía la siguiente distribución, es decir su sangre es 33% Ibérica, 19% del sur de Europa, 18% de sangre americana, 10% inglesa y 8% repartido entre Irlanda, Escocia y Gales. Para su madre con apellido Ochoa-Arista la distribución geográfica es de la siguiente manera: 38%, 30% de sangre americana, 9% de Europa del Oeste y 8% del sur de Europa.

PABLO DURAZO MONTAÑO (1849-1938)
m.*JOSEFA DURAZO GERMAN* (1851-?)
 JOSE PABLO DURAZO (1885-?)
  m.*ROSA SAMANIEGO ESCALANTE* (1897-1995)
   DORA DURAZO SAMANIEGO
   m.*AMADOR ZOZAYA SAMANIEGO*
    JUAN AMADOR
   CONRADO DURAZO SAMANIEGO
   m.*MARIA LUISA MONTAÑO* (1922-)
    JOSE DURAZO MONTAÑO
    CONRADO DURAZO MONTAÑO
    CHAMY DURAZO MONTAÑO
    CONCEPCION DURAZO MONTAÑO
    HECTOR DURAZO MONTAÑO
    MARIA LUISA DURAZO MONTAÑO
    ELOISA DURAZO MONTAÑO
    LUZ ESTHELA DURAZO MONTAÑO
    CELIA DURAZO MONTAÑO
    PABLO DURAZO MONTAÑO
   MANOLO DURAZO SAMANIEGO
   m.*MAGUI CARRAZCO* (?-?)
    MARIA DURAZO MONTAÑO
    m.*JUAN PEDRO ZOZAYA* (?-2016)
    MANUEL (CHACHA) DURAZO MONTAÑO
    ISELA DURAZO MONTAÑO
    NORMA DURAZO MONTAÑO
   JUAN MANUEL DURAZO SAMANIEGO

m.*TERESA GALAZ SAMANIEGO*
ERNESTINA DURAZO SAMANIEGO
m.*JOAQUIN MONTAÑO*
    ERNESTO MONTAÑO DURAZO
    m.*CLARA TARAZON SAMANIEGO*
FRANCISCO DURAZO SAMANIEGO
m.*REFUGIO SAMANIEGO*
    ROSELIA DURAZO
    m.*EDGARDO TARAZON SAMANIEGO*
MIGUEL ANGEL DURAZO SAMANIEGO (?-?)
m.*ESCOLASTICA OCHOA* (?-?)
IGNACIO DURAZO SAMANIEGO
m.*MARIA EVA OCHOA*
    CELINA DURAZO OCHOA
    ANGELICA DURAZO OCHOA
    MARIA EVA DURAZO OCHOA
    SOCORRO DURAZO OCHOA
SOCORRO DURAZO SAMANIEGO
m.*CARMELO TARAZON*
PABLO DURAZO SAMANIEGO (?-?)
m.*BEATRIZ TARAZON* (?-?)
MARIANO R. DURAZO DURAZO (1885-1934)
m.*MARIA YGNACIA PARRA RIOS* (1889-1922)
m.*BELEN LUCERO* (1900-?)

IN MEMORIAM

Al momento de iniciar y terminar éste proyecto, algunos Bavispeños se nos adelantaron.

Como un humilde homenaje incluyo a la mayoría de ellos:

Miguel A. Samaniego Tarazón

Carlos (Carlitos) Olivares

Celsa Valencia de Samaniego (Diciembre del 2008)

Conrado Samaniego (20 de Octubre del 2009)

Dago Samaniego D. (Agosto 2005)

Eduardo Olivares Granillo (Marzo del 2010)

Francisco Zozaya S. (Kiko)

Ignacio Ruiz Barbechan (30 de Agosto del 2008)

Jesús José Olivares (Papá de Israel)

Jesús Rubén Samaniego Samaniego (2 de Junio del 2010)

Joaquín Zozaya S. (2006)

Joaquina Zozaya de Sgo. (Abril de 2007)

Juan Manuel Durazo Galaz

(31 de Marzo del 2010)

Juan Manuel Durazo Samaniego (2008)

Manuel Ángel Olivares Granillo (Marzo del 2010)

Manuel Durazo Samaniego "Manolo" (30 de Agosto del 2008)

Miguel Ángel Dórame Rivera 68 años (San Miguelito. 26 de Mayo del 2009)

Miguel Martínez (Yuco)

Rafael Samaniego Olivares (Marzo del 2010)

Raúl Flores (sept. 30/2007)

Rita (Principios del 2008) y Nestor (a Mediados del 2008)

Rogelio Olivares (Enero 2008)

Temo Gonzales (15 de Mayo del 2008)

Tiburcio Olivares Ochoa   Úrsula Montaño (Uvita)
(Marzo del 2010)   (21 de Octubre del 2009)

D.E.P.
LUDOVINA
MENDEZ
RODRÍGUEZ
"VINA"
7 de Marzo del 2012

D.E.P.
MARTHA
OLIVARES
OCHOA
10 DE FEBRERO DE 2012

D.E.P.
ARNOLDO
OCHOA
BELTRÁN
"EL NONO"
Febrero 4, 2012

D.E.P.
ADELINA
MORENO S.
DE ZOZAYA
10 DE ENERO DE 2012

D.E.P.
CUCUITA
VDA DE
BURQUEZ
30 DE OCTUBRE DE 2011

D.E.P.
ARSENIO
SAMANIEGO
TARAZON
1 de Octubre del 2011

D.E.P.
MIGUEL ANGEL
DURAZO SGO.
16 de Septiembre de 2011

D.E.P.
ESTHELA
SAMANIEGO
DE MONTAÑO
Abril 22 de 2011

D.E.P.
ANGELITA
MEDINA
30 DE MARZO DEL 2011

D.E.P.
JOSE MANUEL
MORALES
SAMANIEGO
"EL NEL"
29 DE MARZO DE 2011

D.E.P.
DALIA
GONZALEZ
DE SAMANIEGO
18 de Marzo de 2011

D.E.P.
MARIA
MONTAÑO
DE SAMANIEGO
12 de Diciembre de 2013

1997-2015
JUSTICIA PARA MARIANA

D.E.P.
Onora Cruz
Vda de
Martínez

Doña Lilia
Montaño Durazo
1936-2015
Descanse en Paz

Ramón Zozaya S.
D.E.P.
Bavispe Sonora
Diciembre 23 de 2015

D.E.P
Doña Goya Carrazozá
Vda. de González
Bavispe Sonora Junio de 2016

Juan P. Zozaya S.
1946-2016
D.E.P.

Descanse
en
Paz
Doña
Beatriz
Montaño
de Ochoa

D.E.P.

D.E.P.
José César Bañuelo

DATOS OFICIALES

INDICADORES SOCIODEMOGRÁFICOS. La población total del municipio en 2010 fue de 1,454 personas, lo cual representó el 0.1% de la población en el estado.

En el mismo año había en el municipio 418 hogares (0.1% del total de hogares en la entidad), de los cuales 60 estaban encabezados por jefas de familia (0% del total de la entidad).

El tamaño promedio de los hogares en el municipio fue de 3.5 integrantes, mientras que en el estado el tamaño promedio fue de 3.7 integrantes.

El grado promedio de escolaridad de la población de 15 años omás en el municipio era en 2010 de 7, frente al grado promedio de escolaridad de 9.4 en la entidad.

En 2010, el municipio contaba con tres escuelas preescolares(0.2% del total estatal), tres primarias (0.2% del total) y dos secundarias (0.3%). Además, el municipio no contaba con ningún bachillerato y ninguna escuela de formación para el trabajo. El municipio no contaba con ninguna primaria indígena.

Las unidades médicas en el municipio eran dos (0.4% del total de unidades médicas del estado).

El personal médico era de dos personas (0% del total de médicos en la entidad) y la razón de médicos por unidad médica era de 1, frente a la razón de 11 en todo el estado.

MEDICIÓN MULTIDIMENSIONAL DE LA POBREZA. En 2010, 924 individuos (56.4% del total de la población) se encontraban en pobreza, de los cuales 771 (47%) presentaban pobreza moderada y 154 (9.4%) estaban en pobreza extrema.

En 2010, la condición de rezago educativo afectó a 19.2% de la población, lo que significa que 315 individuos presentaron esta carencia social.

En el mismo año, el porcentaje de personas sin acceso a

servicios de salud fue de 47.1%, equivalente a 773 personas.

La carencia por acceso a la seguridad social afectó a 87% de la población, es decir 1,427 personas se encontraban bajo esta condición.

El porcentaje de individuos que reportó habitar en viviendas con mala calidad de materiales y espacio insuficiente fue de 6.1% (100 personas).

El porcentaje de personas que reportó habitar en viviendas sin disponibilidad de servicios básicos fue de 4.5%, lo que significa que las condiciones de vivienda no son las adecuadas para 74 personas.

La incidencia de la carencia por acceso a la alimentación fue de 18.6%, es decir una población de 304 personas.

INDICADORES ASOCIADOS AL ÍNDICE DE REZAGO SOCIAL. Las incidencias de los rubros de infraestructura social a los que se destinarán los recursos del FAIS son: Viviendas con un solo cuarto (7.2% del total), viviendas que no disponen de agua entubada de la red pública (4.1%), viviendas que no disponen de drenaje (3.3%), viviendas que no disponen de energía eléctrica (1.9%), viviendas con piso de tierra (1.9%) y viviendas sin ningún bien (1%).

Las incidencias en otros indicadores de rezago social son:

Población de 15 años y más con educación básica incompleta (61.4% del total), población sin derechohabiencia a servicios de salud (43.6%), viviendas que no disponen de lavadora (17.5%), viviendas que no disponen de refrigerador (7.4%), población de 6 a 14 años que no asiste a la escuela (3.1%), viviendas sin excusado/sanitario (2.9%) y población de 15 años o más analfabeta (2.7%).

Fuente: CONEVAL

https://www.gob.mx/cms/uploads/attachment/file/46395/Sono ra_015.pdf

INGRESOS MUNICIPALES E INVERSION EN OBRAS.
Durante los años 2014 a 2016 el municipio recibió ingresos que le permitieron ejercer obra e infraestructura siendo 2015 el año que mas ha recibido ingresos y se ejecutó obra por un total de casi 30 millones de pesos representando el 80.02% del mismo.

Caso contrario fue 2013 donde se ejectó solo el 4.02% de los ingresos.

AÑOS	INGRESOS	INVERSIÓN EN OBRA	EFICIENCIA
2004	$4,763,689.00	$479,246.00	10.06%
2005	$5,279,645.00	$545,535.00	10.33%
2006	$5,874,348.00	$771,823.00	13.14%
2007	$5,811,390.00	$809,168.00	13.92%
2008	$7,853,168.00	$1,165,039.00	14.84%
2009	$21,674,462.00	$15,115,681.00	69.74%
2010	$7,797,801.00	$1,352,883.00	17.35%
2011	$8,090,431.00	$985,996.00	12.19%
2012	$8,249,886.00	$724,504.00	8.78%
2013	$16,029,859.00	$645,032.00	➔ 4.02%
2014	$23,915,659.00	$19,353,216.00	80.92%
2015	$37,476,958.00	$29,990,585.00	➔ 80.02%
2016	$10,925,853.00	$509,532.00	4.66%

Fuente: ISAF

ACERCA DEL AUTOR

Nacido en Bavispe en los 60´s y egresado de la primaria Gral. Miguel S. Samaniego en 1979 y de la Universidad de Sonora en 1992.